교회와
지역사회 노인복지

박 승 탁

교육과학사

머리말

우리 사회가 직면하고 있는 심각한 사회문제 중의 하나는 급격하게 증가하고 있는 노인들의 문제가 점차 사회적 문제로 확대되고 있는 현실에서 지역사회 노인복지 단체나, 지방자치단체 등의 재정만으로는 해결하기에 많은 어려움이 있는 실정이다.

문제해결을 위해서는 지역사회의 민간중추 역할을 하고 있는 교회자원을 통한 지역사회 노인복지를 위한 교회의 역할이 강조되기 시작하였다. 그동안 교회가 노인들에게 관심을 가졌던 것은 지역복지나 노인복지사업에 관심을 두었다기보다 교회행정에만 초점을 둔 것으로 볼 수 있다.

현재, 교회가 가지고 있는 인적, 재정, 시설 교육자원을 통한 교회의 역할과 기능을 다하지 못하고 있는 실정이다. 현행 교회가 지역사회 내 노인복지 사업에 참여하기 위하여 지역사회노인복지 문제 해결에 유용하게 제공될 수 있는 자원인, 교회의 인적, 재정, 시설, 교육자원에 대한 재검토가 이루어져야 할 것으로 생각된다.

본서는 교회자원을 활용한 지역사회 내 노인복지 사업에 참여한 인적, 재정 자원에 치중해 한국교회가 개인구원과 사회구원의 조화를 통한 이웃과 사회에 책임을 다하는 초기 교회의 모습으로 거듭나야 할 시점에서 지역사회 노인복지를 위한 참여 수준에 따른 교회자원의 실제적인 속성요인을 제시하는데, 다음과 같이 크게 3가지로 나눌 수 있다.

첫째, 교회의 지역사회 내 노인복지 참여실태를 알아 본다.

둘째, 교회특성, 인구사회학적 특성, 참여 인식에 따라 교회 구성원들의 참여수준 차이를 살펴 본다.

셋째, 교회특성, 인구사회학적 특성, 그리고 교회자원에 대한 참여 인식의 참여수준이 어떻게 영향을 미치는지 조사하여 효과적인 지역사회 노인복지 실천의 개입방향을 제시하고자 한다.

무엇보다도 필자는 수차례에 걸친 노력과 편집 연구 논문 등을 재편집하였지만, 아직까지 다소 미진한 부분들이 있는 줄로 생각한다. 독자들의 의견과 앞으로 더 연구하여 계속적으로 보충해 나갈 생각이다.

따라서, 교회가 보유한 여러 자원들을 유기적으로 활용한다면 지역사회 노인복지실천을 위해 공언할 수 있을 것이다.

이 책이 나올 수 있도록 물신양면 지도해 주신 은사님들과 목사님, 그리고 출판을 맡아주신 교육과학사 김동규 사장님의 배려에 충심으로 감사드린다.

지역사회 노인복지 발전을 위해 교회의 역할을 활용할 수 있는 책이 되기를 간절히 바란다.

2010년 9월

영남신학대학교 연구실에서

저자 박승탁 씀

차 례

Ⅰ 서 론

Ⅱ 문헌 고찰

Ⅲ 연구방법

Ⅳ 분석결과

Ⅴ 결 론

<표 차례>

<그림 차례>

I 서 론

1. 문제제기

최근 우리사회가 직면하고 있는 가장 심각한 사회 문제 중의 하나는 급격하게 진행되고 있는 인구구조의 노령화이다. 2009년 전체 인구 4,894만 명 중 65세 이상의 노인 인구가 519만 명으로 10.6%를 차지하고 있다(통계청, 2010). 불과 십여 년 후인 2018년에는 65세 이상 인구가 전체의 14%를 넘게 되어 우리나라도 고령사회로 진입할 것으로 추산되고 있다(통계청, 2005). 이렇듯 우리나라의 고령화 현상은 진행속도가 세계에서 가장 빠르다는 것을 감안하면 준비되지 않은 사회적 약자인 노인 문제의 부정적 영향이 급격하게 확산될 것은 자명한 사실이다.

이처럼 인구고령화 현상과 더불어 산업화, 도시화, 핵가족화 등 사회구조적 여건의 급격한 변화로 이러한 지역사회 노인문제는 점차 심각한 사회문제로 대두되고 있다. 개인적 차원에서 노인들은 경제적 빈곤, 건강상실, 역할상실, 무력감 등의 어려움을 겪게 되고, 부양가족적 차원에서는 경제적, 정서적, 신체적 부양의 어려움을 지니게 된다. 그리고 사회적 차원에서는 노인층을 위한 연금제도 및 의료서비스 등 사회비용의 증가 및 세대간 형평성의 문제들이 대두되고 있다(유희순, 2003).

이러한 사회의 급격한 변화에 따른 노인문제는 현실적으로 지역사회의 노인복지단체나 지방자치단체의 재정만으로 처리하기에는 인적, 재정, 시설, 교육면에서 많은 어려움이 있다. 즉, 지방자치단체들이 각종 사회복지정책 추진을 위해 지원하고 있지만 지역사회 노인문제 해결을 위해서는 더 이상 지방자치단체를 비롯한 공공의 힘만으로는 해결이 요원하다.

이미 많은 선진국에서는 20~30년 전부터 고령화 사회의 도래를 예견하고 준비를 해온 것과 달리 우리나라의 경우, 준비 시간이 부족한 상태에서 고령화 시대를 맞이함에 따라 지역사회 내 노인복지 문제의 심각성이 크게 대두됨은 당연한 사실이다. 이에 이러한 문제해결을 위해 지역사회 민간자원의 중추인 교회자원의 연계 필요성이 제기되면서 지역사회 노인복지를 위한 교회의 역할이 강조되기 시작하였다. 그러나 현행 교회자원을 활용한 지역사회 노인복지의 참여정도는, 노인대학 6.6%, 양로원 2.0%, 노인정 1.0%로 매우 저조하고, 서비스 내용 또한 양로원 방문 32.7%, 경로잔치 32.2%, 노력봉사 20.2%, 무료식사 제공 15.4% 등 단순봉사나 인력자원에 국한되어 있음을 알 수 있다(나상운, 2002: 69-70). 따라서 민간자원인 교회의 다양하고 풍부한 자원들을 지역사회 노인복지사업 참여에 적극적으로 유도할 필요가 있다.

그동안 교회가 노인들에게 관심을 가졌던 것은 지역문제

나 노인복지사업에 관심을 두었다기 보다는 단지 교회성장에만 초점을 둔 것으로 볼 수 있다. 한국교회의 미래를 준비하는 모임(2000)이 서울, 부산, 대구 등 6대 도시의 성인 남녀 각 천 명씩을 대상으로 실시한 조사 결과에서 비기독교인 가운데 87.6%가 한국 개신교는 지역사회를 위한 복지문제에의 참가나 봉사활동을 거의 하지 않는다고 응답한 데서도 알 수 있다.

그리고 이 같은 현실은 교회가 지역사회복지사업에 사용되고 있는 지출예산을 통해서도 확인해 볼 수 있는데, 김기문(2003)은 한국교회의 전체 예산에서 지역사회복지사업에 소요되는 지출 비용은 7% 내외이며 일부에서는 4.5% 미만의 예산으로 지역사회복지사업을 극히 제한적으로만 참여하고 있음을 지적하였다. 그리고 그나마 이런 낮은 예산도 적절한 전달체계를 갖지 못한 채, 재정집행권자의 이해관계 혹은 외형적인 효과를 얻는 데에만 치중되어 지출되는 경향이 있어 교회의 지역사회 노인복지증진을 위해 활용되어질 수 있는 인적 · 재정 · 시설 · 교육자원의 활용은 부족할 수밖에 없고 교회의 역할과 기능을 다하지 못하고 있는 실정이다.[1)]

---

1) 이제는 교회도 세상을 향하여 섬기는 공동체가 되어야 함을 의미한다. 교회는 교회 자신을 위한 교회가 아니라, 세상에 속하지 않았지만 세상을 위한 교회요, 세상을 향한 교회가 되어야 한다(문석호, 1998:238). 교회는 국가와 지역사회를 떠나서는 존재할 수 없기 때문에 이와 같은 사회적 요청에 부응하기 위해서는 교회의 사회복지사업을 통하여 실천되어야 한다. 미래 사회에서 인간의 삶의 질 향상을 위한 신학과 교회의 역할 증대는 필연적일 수밖에 없는 당위성 또한 여기에 있다. 베르그송은 도덕과 마찬가지로 종교도 소극적 원천으로부터 유래한 것으로 보았다. 그에 의하면 전자는 억압이고 후자는 갈망이다. 억압에 의해서 성립되는 종교는

이는 다음과 같은 지적을 통해 살펴 볼 수 있는데 첫째, 교회의 인적자원 중 70%가 1주일에 1회 이상 출석하여 활용자원으로서 충분하지만 교회신도의 64%가 일반성도인 교회인적자원을 지역봉사에 활용하는 데 관심이 없는 것으로 나타난 점이 이를 뒷받침한다(대한예수교장로회, 1995; 사회복지협의회, 1997).

둘째, 시설 및 교육자원 또한 1/4정도만 개방하여 지역 주민을 위해 활용되고 있을 뿐 73.1%가 활용되지 않아(이유식, 김요한, 1999) 시설개방을 통한 복지수혜나 교육봉사 등 다양한 참여와 지역노인을 위한 봉사가 가능하지만 낮은 참여로 인해 지역주민들로부터 외면을 받고 있는 점을 들 수 있다(박경숙, 2003).

셋째, 우리나라 중앙 정부에서 지역사회보장 및 복지부문 지출예산이 국내 총생산의 3.88%로 선진국의 1/6~1/7수준에 불과해 정부 의존적인 복지수혜로는 한계가 있으므로 교회마다 예산의 5%정도만 지역복지에 사용되는 현실에서 벗어나 10%로 증액시켜 지역사회복지활동에 투자하여 소외계층의 복지향상에 상당히 기여할 것이라는(김동배, 1994; 박선하, 1998; 정무성, 1999) 지적에 기인한다.

이와 같은 문제의 지적을 통해 현행 교회가 지역사회 내

정적 종교이고 갈망에 의해서 성립되는 종교는 동적 종교라는 것이다. 즉, 정적 종교는 닫힌 마음에서, 동적 종교는 열린 마음의 자세로부터 연유한 것이다.

노인복지사업에 참여하기 위해서는 지역사회 노인복지문제 해결에 유용하게 제공될 수 있는 중요한 자원인 교회의 인적, 재정, 시설, 교육자원(최성재, 2001; 박영호, 2002)에 대한 재검토가 이루어져야 할 것이다.

그러나 기존의 선행연구들은 교회자원을 극히 부분적으로만 다루고 있으며(이만식, 1999; 김인숙, 1998; 김동배, 1997), 특히 교회 내 활용가능한 자원이 많음에도 불구하고 교회자원을 활용한 지역사회 내 노인복지사업 참여에 관한 연구의 대부분은 인적자원과 재정자원에 치중해 왔다(김기원, 2002: 490). 또한 교회자원의 복지참여에 관한 연구에서도 조직체 요소와 관련된 인적자원 연구와 교회의 자원봉사활동 활성화에 관한 연구가 주류를 이루어 왔다. 따라서 다양한 교회자원의 참여수준에 대한 실증적인 연구가 무엇보다 시급하다고 본다.

교회는 지역사회의 주민이 집합된 하나의 집단이기 때문에 또다른 지역주민의 생활의 장으로서 지역사회와 상호 유기적인 관계에 있다. 이에 본 연구에서는 지역사회의 노인문제가 사회문제화 되고 있는 현실을 고려하여 지역사회 내 노인복지사업에서 교회자원의 참여수준에 영향을 미치는 요인을 구명해 보고자 한다.

2. 연구목적 및 연구문제

본 연구의 가장 근본적인 가정은 인구사회적 특성과 교회 특성, 그리고 교회자원에 대한 참여인식에 따라 교회구성원들의 참여수준은 달라질 수 있다는 것이다. 이에 본 연구의 목적은 교회의 지역사회 내 노인복지 참여실태를 알아보고, 인구사회적 특성, 교회 특성 및 참여인식에 따라 교회구성원들의 참여수준은 어떠한 차이가 있는지를 살펴보고, 인구사회적 특성, 교회 특성 및 참여인식은 교회구성원들의 참여수준에 어떠한 영향을 미치는지를 밝혀보고자 한다. 이를 통해 지역사회 내 노인복지사업에서 교회자원의 참여수준에 영향을 미치는 정책적 함의와 실천적 함의를 모색하고자 한다.

본 연구의 목적에 따른 연구문제는 다음과 같다.

〈연구문제 1〉 교회의 지역사회 내 노인복지 참여실태는 어떠한가?
〈연구문제 1-1〉 교회의 지역사회복지 참여실태는 어떠한가?
〈연구문제 1-2〉 교회의 지역사회 내 노인복지 참여실태는 어떠한가?

〈연구문제 2〉 인구사회적 특성, 교회 특성 및 교회자원의 참여인식에 따라 교회구성원들의 참여수준은 어떠한 차이가 있는가?
〈연구문제 2-1〉 인구사회적 특성에 따라 교회구성원들의 참여수준은 어떠한 차이가 있는가?
〈연구문제 2-2〉 교회 특성에 따라 교회구성원들의 참여수준은 어떠한 차이가 있는가?

〈연구문제 2-3〉 교회자원에 대한 참여인식에 따라 교회구성원들의 참여수준은 어떠한 차이가 있는가?

〈연구문제 3〉 인구사회적 특성, 교회 특성 및 교회자원의 참여인식은 교회구성원들의 참여수준에 어떠한 영향을 미치는가?

〈연구문제 3-1〉 인구사회적 특성, 교회 특성 및 참여인식은 인적자원 참여수준에 어떠한 영향을 미치는가?

〈연구문제 3-2〉 인구사회적 특성, 교회 특성 및 참여인식은 재정자원 참여수준에 어떠한 영향을 미치는가?

〈연구문제 3-3〉 인구사회적 특성, 교회 특성 및 참여인식은 시설자원 참여수준에 어떠한 영향을 미치는가?

〈연구문제 3-4〉 인구사회적 특성, 교회 특성 및 참여인식은 교육자원 참여수준에 어떠한 영향을 미치는가?

3. 연구의 범위 및 제한점

1) 연구의 범위

그동안 우리나라 기독교가 외적 성장을 너무 강조한 나머지 질적 성장은 상대적으로 뒤떨어져 왔다. 한국교회 성장의 원인은 정치적으로 일본의 침략이 불러일으킨 민족주의 의식이 기독교를 수용하게 하였고, 사회적으로는 전통문화 특히 유교의 해체 상황 속에 새로운 대안으로 기독교가 등장하였으며, 사회 · 심리학적으로는 소외계층에 자유와 평등사상을 설파하고 나서 그들의 소외의식을 극복하는 계기를 마련한 것이다. 오늘날 교회 사명으로서 복지활동의 영역은 점점 좁아가고 있고 교회가 비교적 많은 물적·인적자원을 보유하고 있음에도 불구하고 지역사회를 위해 나눔과 사랑의 공동체로서 그 역할과 기능을 다하지 못하고 있다.

따라서 한국교회가 개인구원과 사회구원의 조화를 통한 이웃과 사회에 책임을 다하는 초기 교회의 모습으로써 거듭나야 할 시점에서 인구사회적 특성, 교회 특성을 가지고 노인복지사업에서 교회자원을 활용한(김명룡, 1997; 유재현, 1997) 참여인식과 참여수준을 모색하는 것을 본 연구에서 다룰 중점 범위로 설정하였다.

지역사회 노인복지의 역사가 아직 짧고, 더욱이 우리나라는 이제 고령화 사회 진입 단계에서 확장 단계로 향하는 시점에서, 이에 대한 이론적인 연구들과 실시 현황에 대한 문헌들이 대부분을 차지하고 있는 실정이다. 과거의 단순한 노인복지가 아닌 고령화 사회에 대한 중장기 기간에 적합한 참여 프로그램의 필요에 대하여 관련기관이나 관련 종사자들 모두 절감하고 있으나, 이에 대한 설립과 운영에 대한 자원별 기준이 아직 미 정립되어 있어서 인적, 재정, 시설, 교육면 등에서 노인복지에 대한 문제점들이 드러나고 있는 상태이다.

대구는 지역특성상 분지로서 성격이 보수성향이 강하지만, 한강이남 대구·경북지역에서 교회가 제일 먼저 세워지고 지역교회를 중심으로 의료선교, 교육선교가 실시되었다. 반면에 사회복지에 대한 교회의 책임은 다른 광역시에 비해 비교적 약하다 할 수 있기에 대구는 지역특성에 맞게 서비스 공급형태를 다양화, 자율화해 나가야 하며 대상을 점차 확대하여 복지서비스가 필요한 사람에게 누구에게든지 서비스를 제공하기 위해서는 지역교회에서 노인복지사업에서 교회자원 참여수준을 연구할 필요가 있다.

지역의 고령화 추이를 살펴보면 2004년 6월말 기준으로 만 65세 이상의 노인 인구가 전체 인구의 7.1%인 18만 1천명을 차지하는 고령화 사회의 기준인 인구대비 노인비율은 7% 넘어 고령화 사회에 진입한 것으로 나타났다. 이는 2003년에 고령화 사회에 진입한 부산(7.3%)에 이어 7대 특별 광역시 가운데 두 번째를 기록하고 있다.[2)] 지역은 2019년에 노인인구가 전체인구의 14%를 돌파하여 고령사회에 진입하게 되며 2026년에는 20%대에 진입해 초고령사회에 들어설 것으로 예상된다(이미원, 2005: 12). 즉 복지영역이 다양해지면서 행정부가 주도하는 복지정책으로는 복지수요를 충분히 감당할 수 없게 되면서 지역 내 교회의 역할이 더욱 요청되고 있는 실정이다.

따라서 본 연구에서 중점적으로 취급할 범위는 지역사회 노인복지를 위한 참여수준에 따른 교회자원의 실제적인 속성요인을 제시하고자 ① 교회의 지역사회 내 노인복지 참여실태를 알아보고 ② 인구사회적 특성, 교회 특성 및 참여인식에 따

---

2) 서울(6.7%), 대전(6.5%), 인천(6.6%), 광주(6.7%) 등은 대구에 비해 아직 고령화 비율이 낮다.

라 교회구성원들의 참여수준의 차이를 살펴보고 ③ 인구사회적 특성, 교회 특성, 그리고 교회자원에 대한 참여인식이 참여수준이 어떻게 영향을 미치는가를 살펴서 효과적인 지역사회 노인복지실천의 개입방향을 제시하고자 한다.

2) 연구의 제한점

본 연구는 지역사회 내 노인복지사업에서 교회자원의 참여수준에 영향을 미치는 교회구성원들의 참여실태를 규명하였고 이것을 토대로 인구사회적 특성과 교회 특성, 교회자원에 대한 참여인식의 차이와 미치는 영향을 분석하여 교회의 각종 자원을 동원, 활용할 수 있는 구체적인 시사점을 제시하였다는 점에서 의의를 지닐 수 있다. 그러나 이러한 연구의 의의에도 불구하고 다음과 같은 한계를 갖는다.

첫째, 연구대상이 대구소재 교회에 소속된 일부에 한정되어 있으므로 연구결과를 전국단위 교회에 적용하는 데는 한계가 있을 수 있다.

둘째, 설문지에 의한 양적 조사방법과 관련되어 나타나는 한계점이다. 교회의 노인복지사업에서 참여인식과 참여수준이 실제 교회 사회복지사업 참여인식과 참여수준이 교회구성원들의 사회복지사업 참여인식과 수준과는 차이가 있을 수 있는 점에서 한계를 갖는다.

셋째, 본 연구는 교회 내의 지역사회 노인복지 활동의 참여활동에 영향을 미치는 요인들로 어느 정도 통제할 수 있는 관계요인을 설정하였으나, 이외에도 전체교회라는 차원에서 참여활동에 영향을 미치는 다양한 변인들에 대한 고려가 부족했던 점에서 한계를 갖는다.

넷째, 연구대상자를 유의적 표집에 의거 추출하였으므로 각 단위교회 내에서의 개별 경험과 직무에 따라 다를 수 있고 대상을 보다 세분화시키지 못한 점에서 기성교단으로까지 연구결과를 일반화시키는 데 한계를 갖는다.

다섯째, 교회의 사회복지사업에서 교회자원의 참여인식과 참여수준을 교회구성원들의 사회봉사 참여수준 등을 개교회별 입장에서 조사자 중심의 보고에 의존하여 평가함으로써 실제 참여인식이나 참여수준과는 차이가 있을 수 있으며, 이로 인한 조사결과상의 오류가 있을 수 있는 점에서 한계를 갖는다.

3) 용어의 정의

(1) 인적자원

인적자원이란 교회 내부의 다양한 교인들을 의미하며, 지역사회 노인복지사업에 동원할 수 있는 자원을 말한다. 주로 교인 및 사회복지사, 자원봉사자 등이 포함된다. 교회의 인적자원은 좁은 의미에서 인력과 동의어로 쓰이지만 본 연구에서는 노인취업, 부업알선, 노인문제 상담, 생을 얼마 남겨 두지 않은 노인들의 호스피스 봉사, 노인들을 위한 빨래, 청소, 김장 등 노력봉사와 노인들을 위한 간병도우미 파견을 총칭해서 인적자원이라는 광의의 개념으로 사용한다.

(2) 재정자원

교회의 본래적인 기능인 선교, 교육, 봉사 사업을 수행하기 위해 일정량의 재물, 재화를 조달하고 그것을 관리 · 운영하는 자원을 말한다.

본 연구에서는 일정량의 재물, 재화를 통하여 지역사회 노인복지사업에 사용되는 것을 재정자원이라 하는데 양로원 방문 및 지원 사업, 지역저소득노인에게 일정금액을 경제적으로 지원하고, 지역사회 노인들을 위한 무료급식과 지역사회 노인들을 위한 경로잔치, 지역사회 노인들 초청과 매월 생신축하잔치를 할 수 있는 것을 본 연구의 광의의 개념으로 사용한다.

(3) 시설자원

시설자원이란 교회 내의 모든 건물 및 시설에 대한 자원을 말하며 교회예배당과 부속시설 등을 의미 한다. 시설자원은 우선 그 교회 내에 존재하고 있는 모든 시설자원을 파악한 다음 이를 지역사회복지 개발 사업에 어떻게 어떤 순위에 입각해서 사용 · 개발 되는가 하는 문제를 해결해야 한다. 이러한 문제는 교회 내 교인의 공통적인 욕구를 기초하여 제한된 자원을 어떻게 하면 효율적으로 이용할 수 있는가, 또한 최소의 투입으로 최대의 산출을 얻을 수 있는 자원의 효과적 결합은 무엇인가 하는 점을 염두에 두고 조직화 하는 것을 일컫는다.

본 연구에서는 교회에서 시설을 제공하여 양로원, 요양원 등 노인시설을 운영하는 것과, 교회에서 운영하는 경로당, 노인주간 보호시설 운영과, 노인교실운영을 위한 장소를 제공하는 것, 노인을 위한 건강진단 등의 의료서비스 장소 제공 등을 광의의 시설자원이라 한다.

(4) 교육자원

교육자원이란 지역사회복지사업을 효과적으로 실시하기 위한 프로그램 자원을 말한다. 교회의 교육자원의 구성은 지역사회복지 개발 사업을 보다 과학적이고 효율적으로 추진할 수 있게 하며, 각종 자원의 질서 있는 동원과 배분 그리고 활용의 측면에서 중요한 의의를 갖는 질병상담봉사를 위한 교육과정과 노인대학운영, 노인주일학교 운영, 노인문제 상담 전문 인력 양성과정을 포함하는 것을 일컫는다.

교회조직은 지역사회복지사업을 위해 가장 훌륭한 조직체이며, 교회 내의 교육과 사회복지프로그램의 전문적인 개발여부는 지역사회복지에 대한 성공적 수행 여부를 좌우한다.

Ⅱ 문 헌 고 찰

1. 지역사회에서 교회의 역할

1) 지역사회의 개념

지역사회복지란 일반적으로 지역사회의 수준에서 전개되는 사회복지 활동을 말한다. 지역사회복지라는 용어는 지역사회(community)와 사회복지(social welfare)의 합성어인데 미국에서는 사용하지 않고, 사회복지서비스 전달과 사회복지 개입방법으로서 지역사회조직(community organization)의 맥락에서 파악되고 있다. 우리나라에서는 1950년대에 지역사회개발(community development), 1960년대 지역사회조직(community organization), 1970년대 지역사회복지(community work)와 지역사회복지(community welfare)라는 용어의 개념으로 사용되고 있다. 우리나라 사회복지분야에서 지역사회복지라는 개념은 미국과 일본에서 사용되었던 용어가 소개되면서 지역사회복지라는 용어가 등장하기 시작하였다.[3)]

3) 오늘날의 사회복지동향은 ① 선별적이고 제한적인 구빈적 사회복지로부터 일반적이고 보편적인 사회복지로 ② 시설중심의 사회복지부터 재가복지로 ③ 공공행정의 일방적인 서비스에서 공공과 민간에 의한 다원적 서비스 공급으로 ④ 중앙집권적 복지에서 지방분권적 복지로 ⑤ 수직조직에 의한 사회복지 서비스로부터 지역사회중심으로 한 보건・의

또한 지역사회복지는 사회복지활동에 주민참가가 하나의 중요한 이념이 된다. 사회복지활동에의 주민참가는 당사자인 주민이 주권자로서 참가하는 것을 의미한다. 지역사회복지는 사회복지서비스 대상자를 약자로 보는 것이 아니라 생활의 주체로 보고 인간의 존엄성을 지키고 자립을 지원한다. 전통적인 사회복지사업은 오랫동안 빈곤자에 대한 의식주나 최저생활을 보장하기 위한 것이었다. 그러나 서비스 대상자에 대한 개별적 원조만으로는 문제해결을 할 수 없으므로 서비스 대상자가 살고 있는 지역사회 그 자체를 직접 대상으로 하는 사회복지 방법이 필요하기에 이르렀다.

Brisco(1979)는 지역사회복지의 목적은 인간과 환경의 호혜적 상호작용이 되게 하며 주민의 생활과업을 충족시켜 주고, 재난을 예방하고 바람직한 가치와 기대를 실현시키도록 서비스 기능을 강화하여 지역사회의 능력을 신장시키는 데 있다고 정의하였다.

Weil & Gamble(1991)은 지역사회복지의 중요한 목적을 지역사회주민의 삶의 질 향상과 지역사회의 이익대변, 인간적인 사회와 경제개발, 서비스와 프로그램 계획, 서비스 통합 사회행동, 사회정의라고 하였다.

Lindeman(1991)은 지역사회복지가 궁극적으로 추구하는 것은 두말 할 나위도 없이 이상적인 지역사회를 건설하는 것이다. 이상적인 지역사회는 주민들에게 정부가 생명과 재산을

료・복지의 통합서비스로 전환되고 있다.

지켜주고, 지역사회가 소득을 보장해 주며, 육체적 안녕과 여가시간을 활용케 하고, 윤리 · 도덕체계와 교육, 의사표현의 자유, 신앙적 동기를 제공해 주는 것이라고 하였다.

Herbert(1986) 등은 지역사회조직이란 공통의 문제를 해결하기 위해 사람들을 모으는 것이고 현재 자신들의 삶에 영향을 미치는 이슈에 따라 힘이 없는 사람들에게 힘을 증진시키는 것이라고 하였다.

Rothman(1969)은 지역사회 내의 개인과 집단간에 협력적인 관계를 수립하는 것, 효과적인 문제해결 구조를 창조하는 것, 지역사회 일에 대한 관심과 참여를 증대시키는 것, 지역사회에 대한 정체성 강화, 도덕적 리더십을 개발하는 것, 지역사회 문제 해결방법을 가르치는 것이라고 정의하였다.

그러므로 지역사회복지는 지역차원의 정부 또는 민간기관의 사회복지 서비스 계획, 조정, 개발, 전달을 통해서 지역사회의 각종 문제를 해결하는 종합적인 복지활동이라고 말할 수 있다.

이상의 논의를 종합해 볼 때, 본 연구에서 지역사회복지(community welfare)란 일정한 지역사회 차원에서 주민들의 삶의 질 향상을 위해 지역사회 내의 자원을 동원하여 지역사회의 문제를 해결하기 위한 총체적인 노력의 사회복지활동으로 정의할 수 있다.

2) 지역사회의 특성과 관련요인

(1) 지역사회의 특성

지역사회는 일차적으로 지역 내 잔존하는 고유속성으로 지연성, 사회적 단일성과 문화적 동일성의 특성을 갖는다. 이를 보다 세분화시켜 보면 다음과 같다.

첫째, 지연성으로 사람들이 한 지역에서 그들의 생활이 하나의 생활 공동체에 속한 상태에서 연대의식이 생기고, 주민 간의 상호관계가 빈번한 데서 비롯된다(권태준, 김광웅, 1981). 그러나 사회구조의 변천과 더불어 지역적인 접근성과 공동체 의식의 강도와 상관관계는 약해진다. 왜냐하면 인간사회의 생산기능이 다양하게 분화되면 우리의 욕망충족 수단이 지역적으로 분산되어서 일상생활의 지역적 활동범위가 확장되기 때문이다. 이러한 경향 때문에 오늘날의 일부 학자들은 지연성을 기초로 한 공동사회라는 뜻의 community는 점점 본래의 그 의미를 상실해 가고 있다고 주장한다.

둘째, 사회적 단일성(공동체 의식)으로 이는 사람들 상호간의 공통의 경험은 그들의 동족 촌에서 볼 수 있는 것처럼 혈연의 공통이나 종교, 신앙의 유사성, 혹은 언어나 관습의 유사성, 직업적 또는 경제적 이해의 공유, 일반적 생활, 경험, 행동의 공유 등에서 유래한다. 그러나 개방적인 현대 지역사회에서 성원은 그의 전 생활영역을 영위하지도 않을 뿐더러 지역사회가 고도로 분화된 욕구를 충족시켜 주지도 못한다.

셋째, 문화적 동일성(공동규범)으로 이는 개인의 행동을 조직하고 장기간 지속적이 되도록 하는 선택과 일반화의 과정이 궁극적으로 발달한 것이 가치관이라 할 수 있다. 인간은 가치를 같이 함으로써 하나의 공동사회를 형성하는 반면 한 공동사회는 그 구성원들이 함께 순응하는 하나의 가치체계의 울타리 안에서 독자성을 가지게 되며 가치체계에 따르게 하고 구성원들 또한 가치지향적인 개체로서 자신들이 원하는 바의 일상의 행위를 공동체계의 테두리 안에서 실천하게끔 하는 것이 제도라는 것이다(권태준, 김광웅, 1981: 31-34).

이와 같이 지역사회는 동질성을 가진 일정한 인구가 지연적, 생태학적, 지리적으로 한정되고 근접한 지역에 살고 있으며, 역사적 유산을 공유하고 일련의 기본적 봉사기간을 가지고 공동의 생활방식에 참여하며, 단일성 의식을 가지고 있고, 협동생활을 할 수 있는 여건을 갖춘 공동체 사회라고 할 수 있다.

(2) 지역사회의 관련요인

지역사회복지 구현을 위한 구성요인은 지역이 갖는 고유속성으로 크게 세 가지 범주로 압축이 가능하다.

첫째, 지역성으로 지역사회는 일정한 범위의 지역을 의미한다(이원규, 1989:13). 다시 말하면 공동이익과 생활기반을 중심으로 기본적 욕구를 충족시켜 나가는 일정한 지역사회인 것이다.

둘째, 주민으로 기본적 욕구충족을 위해 모여 사는 주민이 지역사회의 구성원이 되며 그들은 그 지역사회에 대하여 소속감과 우리의식, 상호의식, 그리고 지역감정이라는 것을 갖게 된다.

셋째, 사회구조로 지역주민들의 기본적 욕구를 충족시켜 주고 공동 관심사를 해결해 줄 수 있는 경제적, 문화적, 정치적, 사회적인 제반 제도와 구조가 구비되어 있어야 한다(김정식, 1998: 9-10).

한편, 이와 같은 구성요인을 바탕으로 지역사회의 기능이 갖는 고유속성을 정리해 보면, 우리는 지역사회의 개념에서 지역사회란 사람들이 단순히 어떤 일정한 장소에서 함께 거주하여 상호관계를 맺고 피차 서로간의 생활과 행동에 영향을 미친다고 하는 것을 알았다. 그러나 지역사회의 기능은 이밖에도 아래와 같이 5가지의 기능을 바탕으로 지역사회복지와 연계성을 갖는다.

첫째, 생산, 분배, 소비의 기능으로 지역사회 주민들이 일상생활을 영위하는 데 필요로 하는 재화와 서비스를 생산하고 분배하고 소비하는 과정과 관련된 기능을 말한다. 현대사회에 있어서 재화와 서비스를 생산하고 분배하는 기능은 주로 기업을 통해서 이루어지고 있으나 정부를 위시한 각종 전문기관, 종교단체, 교육기관들도 이러한 경제적 기능을 담당하고 있다.

이러한 제도는 개별적인 사회성원의 차원에서는 생산의 방법과 가족의 욕구 충족방법에 영향을 주며, 지역사회 전체 차원에서는 사회구성원들이 어느 정도 자립할 수 있는가를 결정짓고, 또 건강한 생활을 영위하는 데 필요한 재화와 서비스를 어느 정도 제공받을 수 있느냐를 결정하게 된다.

둘째, 사회화의 기능으로 사회가 향유하고 있는 일반적인 지식, 사회적 가치, 그리고 행동양태를 그 사회 구성원들에게 전달시키는 과정을 말한다. 이러한 과정을 통해서 사회구성원들은 다른 사회의 성원들과 구별되는 생활양식을 터득하게 되는 것이다. 사회화의 과정은 개인의 어린 시절에 특히 중요하나 일생을 통해서 계속되는 것이 보통이다.

셋째, 사회통제의 기능으로 지역사회 내의 구성원들에게 사회의 규범에 순응하게 하는 것을 말한다. 모든 사회는 그 구성원들이 지켜야 할 법, 도덕, 규칙 등의 규범을 갖게 되는데, 이러한 규범을 준수하도록 하는 강제력이 결여된 경우 사회질서가 파괴되어 비행과 범죄가 만연되는 사회해체현상을 경험하게 될 것이다(최일섭, 2000: 11-12).

사회통제를 담당하는 일차적인 기관은 정부로서, 정부는 경찰력과 사법권을 통해서 보편적으로 적용될 수 있는 법을 집행하는 강제력을 발휘한다. 그러나 다른 여러 사회조직인 가정, 학교, 교회와 사회기관들도 이러한 기능을 부분적으로 수행하는 것이다.

넷째, 사회통합의 기능으로 사회체계를 구성하는 사회단위 조직들 간의 관계와 관련된 기능을 말한다. 특정 제도의 구성원이나 전체 사회체계의 구성원들은 상호간에 관계하여야 하며, 사회체계로 정상적인 기능을 하기 위해서 어느 정도 결속력을 갖지 않으면 안 된다.

앞에서 살펴본 사회화의 기능이 사람들에게 어떻게 행동해야 할 것인가를 가르쳐 주는 수단이고, 사회통제의 기능이 그러한 행동을 하도록 강조하는 수단이라고 한다면, 사회통합의 기능은 사람들 스스로 규범을 준수하여 바람직한 행동을 하도록 하는 것이라고 할 수 있다.

Warren은 사회통합이라는 용어 대신에 사회 참여(social participation)란 용어를 사용하고 있는데, 이는 지역사회가 제공하는 제반활동에 그 구성원들이 자발적으로 참여하게 하는 것으로서 이러한 기능을 수행하는 가장 대표적인 제도는 종교제도를 들 수 있다. 그러나 다른 사회적 기능에서와 마찬가지로 통합에 필요한 사회적 가치와 규범을 만들어 내는 사회조직으로는 가정, 학교, 사회단체 등을 들 수 있다(최일섭, 2000: 12-13).

사회통합의 기능은 정치적 · 사회적 · 경제적으로 급격한 변화를 경험하고 있는 사회와 시대에 특히 강조되는 경향이 있는데, 우리나라의 경우 1970년대의 정부에 의해 강조된 '국민총화'나 1980년대에 대두된 '국민화합'이라는 표어는 사회통합과 유사한 개념이라고 할 수 있다.

다섯째, 상부상조의 기능으로 사회구성원들이 사회제도에 의해서 자기들의 욕구를 충족할 수 없는 경우에 필요하게 되는 사회적 기능을 말한다. 개인과 가정은 누구나 질병, 사망, 실업 사고 등의 개인적인 이유에서 또 경제적 제도의 부적절한 운용에 의해서 자립할 수 없는 경우에 놓이게 되면, 이러한 경우 외부의 도움을 받지 않을 수 없다. 특히 과거의 전통적인 사회나 오늘날의 후진사회에서 상부상조의 기능은 가족과 친척, 동네사람들, 친목단체나 자선단체와 같은 일차적인 집단에 의해서 수행되고 있으나 현대의 산업사회에서는 이러한 기능이 정부, 민간, 사회복지, 종교단체 등으로 옮겨지게 되었다.

이상에서 살펴본 모든 사회적 기능 등이 가장 단순한 사회에서는 가족이라는 단 하나의 사회제도에서 수행된다. 그러나 사회가 점차 복잡해짐에 따라 개인과 집단들이 이러한 기능을 전문적으로 수행하게 되어 전문화에 따른 사회제도, 즉 정치, 종교, 사회복지 등의 제도가 생성되게 된 것이다.

3) 지역사회복지를 위한 교회의 역할

지역사회는 크게 세 가지 요소로 구성되어 있다. 첫째, 지리적 변수로서 지리적 영역성이며, 둘째, 사회적 변수로 공동의 결속, 셋째, 문화・심리적 변수로 사회적 상호작용이다(김수현, 1999: 163).

지역사회는 하나님의 역사가 이루어지는 지리적 영역이 된다. 교회는 지역사회 조직 안에 있고 지역사회의 구성원이다. 교회는 하나님에 대한 신앙이 있고, 지역사회는 과학과 인본주의에 치우쳐 있다는 데서 차이가 있을 뿐이다(Marty, 1980: 463).

김동배(1994)는 교회의 지역사회복지란 하나님에 대한 사랑을 이웃에 대한 사랑으로 전환시키는 공학이며 신앙과 생활을 연결시키는 구조화 작업이라고 하였다. 기독교 신앙은 사랑으로 나타나며 그것은 마음으로 느끼는 것만으로 끝나는 것이 아니라 구체적인 행위로 표현된다. 행함이 없는 믿음은 그 자체가 죽은 것이기 때문이다(야고보서 2: 17).

지역사회에서 추구하는 살기 좋은 지역사회는 어떤 것인가? 일반적으로 살기 좋고 일하기 편리하고 어린이를 양육하기 좋으며, 은퇴해서까지 살기 좋은 곳일 것이다(Fellin, 1995). 높은 삶의 질은 인간존재의 필수불가결한 요소로 복지와 즐거움을 들고 있다. 그래서 삶의 질을 행복과 즐거움으로 구성된 쾌락적인 구성요소와 인지적 경험으로 구성된 복지적인 양호의 합이라고 정의하였다(이영균, 1998: 6).

기독교는 지상에서 높은 삶의 질이 성취된 하나님 나라 실현을 간구한다(마태복음 6:9-13). 교회자원은 지역사회복지 프로그램에 일시적으로 투입되거나 멈추는 것이 아니라 그리스도의 형제적 사랑을 통해 서로의 관계를 맺고 하나님 뜻에 따라 지역사회를 샬롬공동체화(salom community)하고 복음화 하는 역동적인 자원이다(김용복, 1992: 2). 상처받은 영혼을 감싸주며, 굶주린 사람에게 먹을 것을, 목마른 사람에게 마실 것을, 헐벗은 사람에게 입을 것을, 고난당한 사람에게 진정한 이웃이 되는 데 사용되어야 하는 복지자원이다(누가복음 10: 29-37).

사회복지실천을 위한 맥락으로서 교회와 기관들은 다른 실천세팅과는 확연히 다르다. 교회사회복지는 사회복지 전문

지식의 지식, 가치, 기술을 교회에 자원으로 가지고 와서 교회로 하여금 사람들의 요구를 이해시키고 효과적인 서비스나 사회행동을 교회의 사명으로 정의하여 시행하는 것이다.

교회는 현대의 사회복지 또는 사회복지의 어머니라고 말한다(Garland, 1995: 475). 교회가 사회복지사업에 대한 철학과 사상과 실천을 세속사회에 전달했고 사회는 이를 발선시켜 왔다. 그러나 이제는 교회가 사회과학방법을 받아들여 지역사회복지를 더욱 향상시킬 책임을 지게 되었다. 다만 교회가 지역사회복지사업에 개입할 때 실천면에서 몇 가지 다른 점이 있게 된다.

첫째, 교회사회봉사는 성서를 기초로 한 인본주의에 기반을 둔다. 성서에서는 인간을 창조할 때 하나님의 형상(The Image of God)대로 창조하였기 때문에 인간존중을 극대화시키고 세속적인 인본주의 가치를 초월하고 있다. 운영주체가 되는 교회 내의 사회복지법인, 사단법인, 재단법인, 정부위탁사업의 모든 실천 세팅에서 하나님 형상사상이 실현된다.

둘째, 교회사회봉사는 지역사회를 화해와 화평으로 이끄는 하나님나라 실현을 궁극적인 목표로 한다. 지역사회가 시급히 요구하는 물질적, 정신적 욕구 충족 외에 영적 구원의 기쁨을 누리도록 복음전달이 병행된다.

셋째, 교회사회봉사자는 신앙적인 소명자이며 교회사회복지는 신앙에 근거하고 사회과학에 근거하는 두 가지 모두를 포괄한다. 교회세팅에서 일하는 많은 사회복지사들은 그들의 실천을 우선적으로 신앙에 근거하여 실천하게 된다. 여기서 사회복지의 전문지식과 기술이 활용된다. 교회봉사자는 섬김의 정신(막 10:45)으로 훈련된 소명감을 가진 전문사회복지사이다(Garland, 1995: 9).

교회가 지역사회에서 사회봉사를 실천하는 것은 교회와 지역사회 관계에 있어서 상호 교환적이며 상호 보완적이다.

Loewenberg(1998)는 오늘날 많은 교회와 교회단체들이 사회복지 시설을 설립하고 유지하는 의미를 다음과 같이 지적하고 있다.

첫째, 교회사회서비스는 오늘날 사람들에게 종교 메시지를 전달하는 중요한 방법이다.

둘째, 교회는 과거부터 종교적 욕구를 덜 느끼는 사람들의 관심을 유발시키기 위해 다양한 서비스를 개발해 왔다.

셋째, 사람들은 종교적 가치가 일치하는 사회복지기관에 소속된 워커(worker)의 도움을 받을 때 보다 편안함을 느낀다.

넷째, 종교기반 사회복지기관은 종교적 의무감과 교회구성원의 생활양식에서 일어나는 특별한 욕구를 보다 잘 고려할 것이다.

다섯째, 종교적 틀 안에서 사회복지서비스를 제공함은 종교인들의 종교적 의무감을 보다 많이 느끼게 한다.

여섯째, 사회복지기관을 후원하는 교회는 재정적 이점이 있다.

교회가 지니고 있는 인적자원은 하나님 나라 백성으로 선택받은 종의 모습이어야 한다. 그들은 신앙공동체의 일원으로서 섬김과 나눔과 사랑을 실천할 능력과 의무를 지니고 있다.

오늘날 미국교회는 더 많은 교회들이 지역사회 안에서 청소년 및 가족서비스 프로그램을 개발하고, 교회신자와 지역사회주민을 위한 다양한 상담 서비스 등을 제공하기 위해 사회복지가들을 고용하고 있다. 사회복지가들은 교회성원으로서 사회목사로 가능하다. 이러한 과점에서 교회는 지역사회에 다음과 같은 역할이 요청된다(Garland, 1995: 420).

첫째, 교회는 지역사회에서 형제애적 역할을 담당해야 한다.

기독교의 신앙행위는 사랑이다.[4] 사랑의 실천은 지역민들의 정신적, 물질적 안녕을 주는 체계적인 접근방법이 필요하다. 소외받는 이웃, 불평등 속에 있는 이웃에게 진정한 형제애적 역할이 있어야 한다(김균진, 1989: 186).

둘째, 교회는 지역사회에 선지자적 역할을 담당해야 한다.

지역사회 지지체계(community support system) 속에 있는 교회공동체는 교육, 사회, 경제, 문화 등 가치적 접근에 적극적이어야 한다. 모든 면에서 인간존중이 전제되어야 하고, 비교육적 하위문화 등에 대해 단호히 대처하는 선지자적 역할을 가져야 한다.

셋째, 교회는 지역구성원으로서 공동의 결속과 지역복지에 책임을 공유해야 한다(Konard, Raister, 1992: 297).[5]

---

4) 사랑의 행위는 사회의 제도적인 차원으로 확대된다. 그것은 소극적인 의미의 자선사업만을 의미하는 것이 아니라 사회의 모든 영역에서 제도를 통하여 하나님의 사랑과 의를 실현하는 형태로 나타난다.

5) 1925년 스톡홀름에서 모인 세계교회대회에서 그리스도의 복음은 인간을 단순한 정신적, 영적인 구원뿐만 아니라 공동체 안에서 사회 구조적인

넷째, 교회는 지역사회에서 중재역할을 담당해야 한다. 교회는 개인・가족과 큰 사회기관 사이에 서 있는 존재이다. 교회는 개인과 가족이 큰 사회기관을 다루어 나갈 때 이들을 보호하는 완충제 역할을 하게 된다(Garland, 1995: 471).

2. 지역사회복지와 교회자원

1) 지역사회복지에 대한 교회자원의 배경

선교에 있어서 사회사역의 기능은 보다 완전하고 총체적인 선교의 개념을 정립함으로써 이해될 수 있다. 선교가 세상을 섬기기 위해, 사랑하기 위해 보냄을 받는 것이라면 전도는 가서 제자를 삼는 사역이다. 흔히 전자를 대 계명이라 하고 후자를 대 분부라고 말한다. 이 두 개념이 서로 모순되거나 일치하는 것은 결코 아니다. 다만 전도가 선교의 전부가 아니라는 사실을 기억해야 할 것이다. 선교는 교회가 하나님으로부터 이 세상을 위해 부여받은 소금과 빛의 사명을 의미하는 것이며, 소금의 사명은 빛의 사명과 그 성격을 달리하고 있음을 우리는 잘 알고 있다.

그러므로 진정한 의미에서 선교는 M=P.S+S.S라는 등식으로 표현될 수 있다. 즉 선교(Mission)는 인간구원(personal salvation)

문제와 지역발전에 이르기까지 인간을 해방시키고 변화시킨다는 사실을 고백했다.

과 사회봉사(social service)로 구성되어진다는 것이다. 이것을 좀 더 구체적으로 풀면 M=E+N+S(S.S+S.A)+F가 된다(서정운, 1992:41). 다시 말하면 선교는 전도(Evangelism)와 양육(Nurture), 봉사(Service), 그리고 친교(Fellowship)로 구성되어지는데 봉사는 사회봉사(Social Service)와 사회행동(Social Action)으로 구분된다.

여기서 전도는 교회 밖의 사람의 구원이고 양육은 교회 안에 있는 사람들에 대한 설교, 심방, 교육, 상담 등의 사역을 말한다. 친교는 개인 및 교회, 교파, 국가간의 교회들의 친교와 나눔의 협력 등을 의미한다. 봉사는 결과에 대항하는 일로서 구제와 구호, 이웃을 돕는 행위로서의 사회봉사와 문제의 원인에 대항하는 일로서 사회적, 문화적, 구조적 정의를 위해 투쟁하는 사회행동으로 구성된다.

이와 비슷한 설명으로서 이원규(1994: 232)는 선교를 복음화(evangel ization)와 인간화(humanization)로 구분하였다. 그리고 복음화는 전도를 통하여 이루어지고, 인간화는 봉사를 통해서 성취된다고 설명하였다. 그는 한 단계 더 나아가서 인간화를 위한 봉사를 다시 교회봉사와 사회봉사로 구분하였다.[6)]

지역사회복지참여를 위한 성경적 근거에 대해 보다 세분화시켜보면 그리스도인의 모든 사역의 기초는 그리스도의 사역이다. 하나님께서 자기의 일을 위해 아들을 보내셨듯이 그

---

6) 우리 한국교회는 그동안 복음화에는 매우 열심이었지만 봉사를 통한 인간화에의 노력은 그렇게 활발하지 못했다는 비평의 목소리가 매우 높다. 통전적 선교의 입장에서 사회사역은 인간화의 과제를 성취하여 복음화와 함께 짝을 이루는 사역이라고 볼 수 있다.

아들도 자기의 일을 위해 우리를 보내셨다(요한복음 17:18, 20:21). 예수는 자신의 사역을 통해서 교회가 해야 할 일을 모범으로 보이신 것이다. 우리가 예수의 사역을 들여다 볼 때 거기서 복음사역과 사회사역이 함께 동반되고 있는 것을 분명하게 발견하게 된다. 그는 천국복음을 전파하시면서 "병든 자와 모든 약한 것(마태복음 4:23, 8:17)"을 고치셨다. 스토트는 이러한 사실을 강조하면서도 중요한 착오를 일으키고 있다.

그는 말하기를 "그리스도인의 소명은 다양하며 모든 그리스도인은 각자의 소명에 충실해야만 한다. 의사는 복음 전도를 위해 의료시술을 소홀히 해서는 안 되며, 전도자는 사도들이 재빨리 발견한 것처럼 구제하는 일로 인하여 말씀의 사역으로부터 주의를 딴 데로 돌리면 안 된다"고 하였다. 그러나 이러한 주장은 구제를 위해 선출되고 임명된 집사 스데반이 복음을 전하다가 순교했고 빌립은 사마리아에서 전도했다는 사실, 복음을 위해 일해야 할 사도 베드로가 여전히 사람들의 질병을 고쳐주었고 사도인 바울이 여러 지역을 다니면서 기근 구호비를 모금했다는 사실은 간과한 것이었다(이원규, 1994: 232).

예수의 사역 가운데 복음사역과 사회사역은 동시적인 것이었고 가변적인 것이었으며 언제나 클라이언트 중심이었다. 동시적이었다는 것은 병을 고치면서 죄를 사하시고, 떡을 먹이시면서 하늘에서 내려오신 참 떡을 논하신 것처럼 복음사역과 사회사역이 동시에 진행되었다는 말이다. 가변적이었다는 것은 복음사역에서 사회사역으로 사회사역에서 복음사역으로의 전환이 언제든지 가능했다는 말이며, 클라이언트 중심이었다는 말은 예수를 찾아온 사람의 니드(needs)가 예수님의 사역의 성격을 결정하였다는 것이다.

먼저 정립해야 할 것은 성경신학적인 입장에서 성경이 사회목회에 대하여 어떤 교훈을 제시하고 있는가에 대하여 규명하는 것이다. 성경 신학은 하나님의 역사적, 신적, 구속적 자기계시 과정을 취급하고 그 모든 지식을 성경으로부터 취한다(성경신학, 1978: 296-297). 사회목회에 대한 교훈들은 하나님의 성품과 그분의 계시적 대상이 되는 공동체, 그리고 하나님과 인간 공동체가 함께 만나는 시간적 공간 속에서 파악될 수 있다. 그리고 이러한 사회 목회에 대한 정신은 성경의 어떤 부분적인 사상에서뿐 아니라 전체적인 흐름 속에서 파악되어야 한다. 루터교 신학교의 Robert Kysal(1991)은 바로 이와 같은 입장에서 사회목회에 대한 사상을 찾아보기 위하여 연구한 성경신학자이다. 그는 구약에 나타난 하나님의 형상과 예수를 통해 나타난 하나님의 형상, 그리고 공동체와 미래에 대한 성서적 이미지를 밝히고 이것을 통하여 하나님의 백성들이 이 사회의 고통 받는 사람들을 돌보기 위하여 부름 받은 이유들을 설명하고 있다. 그리고 한 걸음 더 나아가 이 성경신학적 지식들은 교회의 목회적 사역을 위한 명확하고 실천적인 방향을 제시하고 있다고 주장한다.[7)]

---

7) 그는 구약성경에서 (1) 창조주 하나님은 의도적으로 물질적 실체를 만드셨고 그것은 선한 것이었다고 말하고 (2) 출애굽의 하나님은 인간의 삶에 일하시는 하나님의 방법에 대한 형식(paradigm)을 제공하고 있으며 (3) 계약과 율법의 하나님은 곤궁한 자와 정의의 옹호자이시며 (4) 선지자의 하

그는 또한 신약성경에서 나사렛 예수의 인격과 생애 가운데 나타난 하나님의 이미지를 설명하는 가운데 하나님은 "모든 인간의 전(全)영역(the whole person of all persons)"을 돌보신다는 사실을 구체적으로 설명한다. 이것은 교회가 교회 안의 사람만 돌보는 것이 아니라 교회 밖의 사람들도 돌봐야 하며 인간의 영적인 부분만 돌볼 것이 아니라 신체적(physical), 정서적(emotional) 경제적(economic), 사회적(social) 그리고 정치적(political) 복지를 위해서도 돌봐야 한다는 사실을 말해주는 것이다.

교회의 사회복지에 대한 성경적 근거를 제시하는 또 다른 형태의 연구로서 구약에 나타난 공의와 자비의 개념들, 그리고 신약에 나타난 사랑의 개념들을 찾아 설명하고 있다. 이와 같은 노력들이 성서를 사회주의나 어떤 신학적 관점의 이데올로기를 입증하기 위하여 "끌어다 맞추기"식의 오류에 빠지지 않도록 조심해야 할 것이다. 그러나 한편으로 이와 같은 시도에 대하여 사회구원이니 해방신학이니 하는 구태의연한 신학적 "이름표 붙이기(labeling)"로 간단히 치부해버리는 위험도 피해야 할 것이다.

현대 교회의 최대 관심사는 교회성장에 있는 듯하다. 그런데 교회들이 교회성장에 기울이는 노력에 비하여 교회성장의 기본적 정신을 규명하는 일에는 소홀하지 않는지 반성해 볼 필

나님은 인간의 사회적 관계를 정립시키고 정치적 지도자들의 정의와 예배에 앞서서 사회적 윤리를 강조하고 계시고 마지막으로 (5) 시인들의 하나님은 반복적으로 환란과 곤궁에서 구원자요 보호자이며 또한 해방자로서 서술되고 있다고 설명하였다.

요가 있다. 교회는 주님의 몸이다. 교회가 성장해야 한다면 바로 예수님의 성장으로부터 배우는 것이 옳을 것이다.

예수님의 성장은 누가복음(2:52)에 나타난 바와 같이 "지혜와 키가 자라나며 하나님과 사람에게 더 사랑스러워"가셨다는 사실로서 통전적 성장이었던 것을 알 수 있다. 키의 성장을 외형적 성장이라면 지혜의 성장은 내면적 성장이라고 할 수 있을 것이다. 하나님과의 관계가 성장되는 것을 영적 성장이라면 사람들과의 관계가 성장하는 것을 사회적 성장이라고 할 수 있다. 또 외형적 성장과 내면적 성장을 합쳐 개별적 성장이라고 한다면 영적·사회적 성장은 관계적 성장이라고 할 수 있다.

이상에서와 같은 이론에 근거해 볼 때, 교회자원의 지역사회 노인복지 이론은 사회복지활동을 지원하는 체제들 즉 전담부서의 조직여부, 전문가의 고용여부, 교회시설의 사회복지적 활용여부, 사회복지적 목적의 특별헌금 실시여부, 그리고 지역사회복지기관이나 단체들과의 연결 등의 변인들에 따라 다르다. 이러한 지원체제들은 지역사회 노인복지 활동을 실천하기 위해 매우 필요한 환경적 요인들로써 중요한 영향을 줄 수 있는데 관련 이론을 종합해 보면 다음과 같이 정리할 수 있다.

첫째, 전담기구란 어떤 특정한 목적을 위하여 인적, 재정적, 동기 및 가치적 자원들의 결합체이다. 교회 지역사회복지활동에 사회복지 전담기구를 고려하는 이유는 교회가 사회복지적 목적을 위해 자원을 동원하고 인력을 배치하며 사업을 관장하게 하고 있다는 단서가 되기 때문이다.

둘째, 교회가 지역사회 사회복지사를 고용하고 있다는 것은 그 교회 사회복지활동이 전문적이고 체계적이며 지속적이라는 사실을 의미한다. 물론 지역사회복지 전문가의 역량에 따라 큰 차이를 나타내겠지만 일반적으로 전문가가 없는 활동과 있는 활동은 매우 다른 차이를 보여줄 것이라고 추정할 수가 있다(한국자원봉사능력개발연구원, 1990: 104). 사회봉사를 전담하는 직원이 있는가의 문제에 대하여 한국자원봉사능력개발연구회(1990: 104)에서 실시한 조사에서는 사회봉사를 전담하는 직원이 있다고 대답한 응답자가 7%로 나타났는데 약 10년 후에 실시된 김미숙 등(1999: 72-73)의 조사에서는 8.1%의 교회가 지역사회복지를 담당하고 있는 전문가가 있다고 응답된 것으로 나타났다. 그러나 동일한 조사에서 교회의 지역사회복지활동의 주 담당자가 복지전문가라는 응답은 2.8%에 불과하였으므로 후자의 수치가 더 현실적인 교회의 복지전문가 활용실태를 나타내는 것이라고 분석하는 것이 옳다고 추정할 수 있다.

셋째, 교회의 시설활동여부 역시 활동을 지원하는 중요한 환경적 요인이 된다. 그동안 교회들은 시설을 대부분 종교적인 목적으로만 사용해 왔지만 요즈음에 와서는 사회복지활동을 위해 사용하는 방안이 진지하게 논의되고 있다. 또한, 교회의 헌금행위는 교회의 성향과 지향하는 목표를 구체적으로 반영하는 것이라고 볼 수 있다. 따라서 교회 사회복지활동 특징을 조사하는 또 하나의 방법은 교회에서 실천하는 특별헌금의 성격을 조사하는 것이다. 교회가 사회복지 목적의 특별헌금을 실시한다는 사실은 사회복지활동에 적극성을 설명하는 데에 반영되어야 할 것이다.

넷째, 교회가 지역사회의 복지기관이나 시설과 협력하는 관계에 있다면 교회의 사회복지활동은 활발해질 수 있다. 그들을 통해서 다양한 정보와 기회, 그리고 전문 방법적 지식을 얻을 수 있기 때문이다.

이상에서와 같은 특징을 볼 때 교회는 지역사회 노인복지를 담당하고 있는 행정기관이나 사회복지관, 요양시설, 단기보호시설, 양로시설, 의료시설 등에 대하여 재정적인 후원이나, 자원봉사자 파송, 시설 개방, 물품지원 등 다양한 방법으로 연계할 수 있다.

2) 지역사회복지에 대한 교회자원의 의의

(1) 교회의 지역사회 노인복지 개념

교회사회복지란 "교회가 주체가 되어 자체 교회 내의 사람 및 교회 밖의 사람들인 가족, 집단 및 지역사회의 당면문제나 공통적인 욕구를 해결하는 데 도움을 주기 위해서 계획적이고 조직적이며 지속적으로 현물과 물품을 제공하거나 동시에 또는 서비스를 제공하는 활동"을 의미한다(최성재, 1993). 또 다른 한편에서는 교회 사회복지를 "교회에서 이루어지는 사회봉사활동 및 사업"으로 정의하기도 한다(한국자원봉사능력개발연구원, 1990).

이러한 이해는 교회사회복지에 대한 일반적인 견해로서 기독교와 사회복지의 접목이기도 하고 기독교와 사회복지 통합의 결과라고 할 수도 있다. 이러한 관점은 기독교와 사회복지를 상호 이질적인 영역으로 보고 양 영역간의 화해와 화합으로 보는 견해가 주종을 이루고 있기 때문이다(최성재, 1993). 이처럼 기독교와 사회복지를 서로 다른 영역으로 규정하는 것은 사회복지의 내용에 대한 형식적인 이해에서 비롯된 것이다.

그러나 기독교와 사회복지는 역사적으로나 가치적으로 상호 이질적인 것이 아니라 동일한 영역내의 동질의 것으로 추구하며 발전해 왔다(김기원, 1996). 교회자원의 지역사회 노인복지란 기독교의 근본정신에 기인하며 그리스도께서 주신 제2의 사명으로 이웃 사랑과 봉사와 헌신을 통해서 지역사회 노인들의 물질적, 신체적, 정신적 고통을 양적, 질적으로 완화시키고 생활상의 곤란을 개선시켜 줌으로써 노인들의 삶의 질을 향상시키고 성서적 정의를 실천하며 상실된 하나님의 형상을 회복시키려는 기독교인들의 제도적이고 체계적인 노력이자 가치체계라 할 수 있다.

교회와 사회복지는 피차에 함수적인 관계를 가지고 있다. 왜냐하면 이 둘은 지금까지 현대 사회복지를 구현할 수 있도록 하였던 초석으로서 그 역할을 같이 해왔기 때문이다. 그러나 일반적으로 이 관계의 구체적인 성격에 대해서는 교단마다, 사람마다 의견을 달리하기도 하며, 교회가 사회복지를 실천해야 하는 수준이나 정도에 대해서도 여러 입장이 있다(최성재,

1993: 253). 이러한 불일치의 근저에는 교회의 사회복지실천의 필요성에 대한 근본적인 의문이 깔려 있기 때문이다.

한편, 협의의 개념으로서의 사회복지란 '빈민을 도와주기 위한 자선적인 행동이나 정부의 프로그램'을 의미하며, 광의로는 '인간의 평안함을 유지하기 위한 활동을 의미'한다(김기원, 1996: 5). 좀 더 구체적으로 말하면 사회구성원들이 기존의 사회제도를 통하여 자신의 기본적인 욕구를 충족시키는 데 어려움을 겪고 있거나 어려움이 예상될 때, 그 욕구를 충족시킬 수 있도록 도움을 제공하는 조직화된 사회적 활동의 총체를 의미한다.

이러한 교회자원의 지역사회 노인복지는 지역사회 내에서 기독교가 갖고 있는 사회복지적인 관점으로 이웃과 함께 하나님의 사랑과 섭리에 따른 생활규범과 제도를 통하여 모든 노인들이 보호되고 양육되는 것이라 할 수 있다. 그러므로 종국적으로 이러한 교회 내의 자원을 통해 가정과 국가와 민간단체가 연합하여 바람직한 삶의 질을 유지, 향상시키도록 교회와 교인들이 주체가 되어 지역 노인들에게 양질의 서비스를 제공하여 가정과 지역사회에서 일어나는 문제들로부터의 가정의 회복, 단체의 회복, 국가의 회복을 돕는 여러 가지 복지정책과 프로그램이라 할 수 있다.

(2) 교회자원의 지역사회 노인복지 기능 및 역할

교회자원의 지역사회를 위한 기능에 있어 이원규(1996)는 크게 세 가지 기능을 수행한다고 하였다. 그것은 ① 사회통합

② 사회변형 ③ 사회통제의 기능이 그것이다(김미숙 외, 1999: 53-54). 즉 사회통합은 종교가 믿음과 가치들에 대한 권위적인 가르침을 통하여 다양한 지역의 의견과 견해들 사이의 갈등과 모호성 가운데서 통합과 일치를 가능하게 하며, 사회변형은 종교가 지역사회의 비판 기능을 하여 사회적 부조리와 모순, 경제적 불평등과 부정, 정치적 부패와 타락에 대하여 날카롭게 비판하여 사회변형을 촉구하는데, 이것은 종교의 예언적 기능이라고도 볼 수 있다. 그리고 지역사회를 위한 통제는 종교가 각종 범죄와 부도덕 행위를 신앙적으로 통제함으로 사회적 무규범을 예방하고 억제하는 힘이 될 수 있는 것이다.

또한 교회에서 지역사회를 위한 책임은 지역봉사와 행동으로 대별된다. 즉 지역봉사는 구제나 자선활동과 같은 노력봉사를 의미하며, 지역사회행동은 정치, 경제, 사회, 문화 등에 관심을 기울여 발언과 참여를 함으로써 지역현안 문제를 변화시키는 것을 말한다. 다시 말하면 지역사회행동은 사회변형과 같은 기능을 말한다(김기원, 2001: 34-35).

그러나, 우리나라 종교는 기복 신앙적 성격과 교세 성장주의 성향이 강하여 이웃의 문제, 지역사회구성원의 문제에는 별 관심이 없었으며, 종교가 중산층화, 귀족화 되어 노동자, 농민, 도시빈민들로부터 배척을 당하기도 하고, 탈 역사적 성격을 갖는 경향이 커서 엘리트층, 변화 지향적인 젊은 층으로부터 외면을 당하기도 했다(김미숙 외, 1999: 53-54).

예수 그리스도 안에 계시되는 하나님의 속성은 사랑이다(김균진, 1986: 309). 하나님의 피조물로서의 인간은 하나님과 함께 살아야 하는 존재인 동시에 이웃과의 관계 속에서 이웃과 함께 이웃을 위하여 살아야 할 사회적 상호작용의 책임적 존재이다.8)

김동배(1994: 105)는 교회의 지역사회를 위한 노인복지란 하나님에 대한 사랑을 지역노인에 대한 사랑으로 전환시키는 공학이며 신학과 생활을 연결시키는 구조화 작업이라고 말한다. 기독교 신앙은 사랑으로 나타나며 그것은 마음으로 느끼는 것만으로 끝나는 것이 아니라 구체적인 행위로 표현된다. 행함이 없는 믿음은 그 자체가 죽은 것이기 때문이다(Fellin, 1995).

지역사회에서 추구하는 살기 좋은 지역사회는 어떤 것일까? 일반적으로 살기 좋고 일하기 편리하고 어린이를 양육하기 좋으며, 은퇴까지 살기 좋은 곳일 것이다.9)

사회복지실천을 위한 맥락으로서 교회와 기관들은 다른 실천세팅(setting)과는 확연히 다르다. 교회사회복지는 사회복지 전문지식의 지식, 가치, 기술을 교회에 자원으로 가지고 와서 교회로 하여금 사람들의 요구를 이해시키고 효과적인 서비스나 사회행동을 교회의 사명으로 정의하여 시행하는 것이다(Garland, 1992: 5).10)

---

8) 창세기 2장 23절에서는 "아담이 가로되 이는 내 뼈 중에 뼈요 살 중에 살이라. 이것을 남자에게 취하였은 즉 여자라 칭하리라."라고 하였으니 이웃은 나에게서 필연적 존재임을 말하고 있다.

9) 높은 삶의 질은 인간존재의 필수불가결한 요소로 복지와 즐거움을 들고 있다. 그래서 삶의 질을 행복과 즐거움으로 구성된 쾌락적인 구성요소(hedonic component)와 인지적 경험으로 구성된 복지적인 양호(welfare goodness)의 합이라고 정의한다.

오늘날 미국교회는 더 많은 교회들이 지역사회 안에서 청소년 및 가족서비스 프로그램을 개발하고, 교회신자와 지역사회주민을 위한 다양한 상담 서비스 등을 제공하기 위해 사회복지가들을 고용하고 있다. 사회복지가들은 교회성원으로서 사회목사(social ministry)로 기능한다(Garland,1995: 420).

이상에서와 같이 교회는 지역사회의 동반자로서 지역문제에 보다 적극적으로 함께 고민하고 현안 문제를 풀기 위해 변론자 역할을 담당해야 함은 물론 교회는 사회구조 속에서 고통당하고 있는 약한 자들, 힘없는 자들, 말 못하는 자들의 변론자가 되어야 하는 것이다.

3) 지역사회복지에 대한 교단별 관점

(1) 교단정책과 지원관점에서의 분류

소속교단은 목회자에게 동료집단임과 동시에 사회체계 내에서 목회자들만으로 구성되는 하위문화이기 때문에 긴밀한 영향을 주고받지 않을 수 없다. 그것은 목회 현장인 교회가 갖는 상호작용과 매우 다른 특징을 갖고 있다. 목회자는 교회를 향해서 영향을 주려하지만 교단을 향해서는 영향을 받으려 한다. 목회자는 교회를 향해서 정보를 제공하는 역할을 주로

---

10) Richmond Garland(1995)는 기독교사회복지와 교회사회복지의 개념을 구분한다. 기독교사회복지를 기독교적인 신앙과 가치관을 가진 사람이 활동하는 사회복지이며, 교회 사회복지는 사회복지 전문가가 교회나 교단을 사회복지의 실천 현장으로서 활동하는 것으로 말하고 있다.

하지만 교단을 향해서는 정보제공을 받는 입장이 된다. 따라서 소속교단의 다음과 같은 특징들은 목회자의 사회활동에 크게 영향을 준다.

첫째는 교단의 신학적 특성이다. 교회가 소속한 교단은 하나의 사회적 조직체로서 규모와 제도적 특징을 갖고 있는 동시에 그 표방하는 신학적 특징과 사회적 태도를 갖고 있다. 이러한 교단의 특징들은 각종 세미나와 집회, 교육, 홍보, 교단의 실천사업 등을 통하여 목회자에게 영향을 주고받으며 목회자의 지역사회복지활동에 중요한 변수로 작용할 것이다.

교단의 신학적 특징과 교회 지역사회복지 활동 간의 관계와 관련된 연구로서 박종삼(1990: 57)은 교단의 신학적 노선에 따라 보수적 교단으로부터 진보적 교단까지 점차적으로 ① 종교에만 전념, ② 개인상대 봉사, ③ 집단상대 봉사, ④ 지역사회 및 기관시설 봉사 ⑤ 사회체제 개혁과 쇄신 등 이상 5개의 행동유형으로 나타나는 상이한 특징은 <그림 1>과 같다.

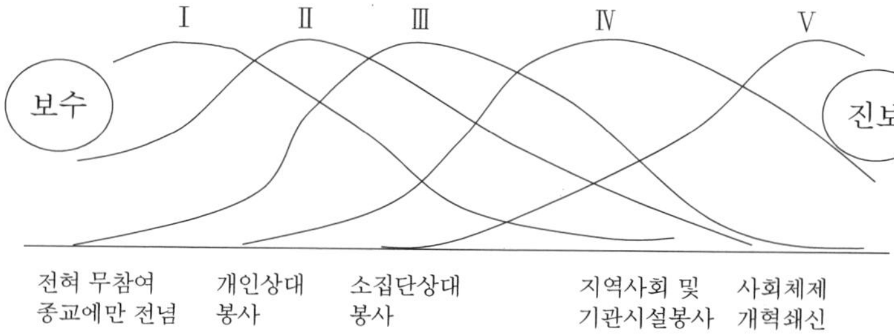

〈그림 1〉 교인 및 교단의 이념 성향과 회사회봉사활동 양식

자료 : 박종삼, 교회의 지역사회 봉사참여 유형별 실태분류, 1990, p.57

이러한 분석이 가능하기 위해서는 각 교단이 갖고 있는 신앙노선을 구분하는 일이 매우 중요한데, 노치준(1995: 95)은 우리나라의 중요한 교단들을 신학적인 측면에서 진보와 보수를 양극으로, 사회적인 태도에서 지역사회참여와 개인구원을 양극으로 하였다.

이러한 신학적 특징과 사회 참여적 태도에 관한 연구로서 최무열(1995: 394)은 통합, 합동, 기장, 고신, 등 4개 주류 장로교단의 사회적 태도를 조사하는 중에 한국교회의 전도의 한계를 극복하기 위하여 사회봉사 활동과 봉사를 통한 장기적 전도를 선택하는 비율이 기장의 경우 70.7%, 통합이 61.3%, 합동이 30.4%, 고신이 24.0%로 나타났다고 보고하였는데 교단과 사회적 태도를 보면 <그림 2>와 같다.

이같은 사실은 교단에 소속된 회원들의 지역사회참여에 대한 태도가 교단의 신학적 태도와 서로 관계 있음을 보여준다

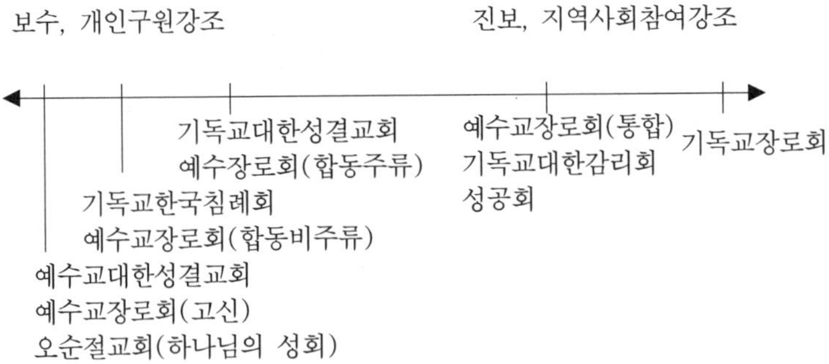

〈그림 2〉 교단과 사회적 태도

자료 : 최무열, 한국교회와 사회복지, 서울 : 나눔의 집, 1995.

고 하겠다. 또 이 조사(최무열, 1995: 378)는 비교적 진보적인 신학적 특징을 갖고 있는 기장과 통합이 비교적 보수적인 고신과 합동보다 사회참여에 대한 태도에 있어서 높은 수치를 보였다고 보고하고 있다. 그러나 고신과 합동을 비교하면 보다 보수적인 고신측이 합동측보다 지역사회참여에 대하여 높은 긍정적 관심을 나타냈다. 이것은 지역사회봉사를 통한 전도에 대한 태도와 상충되는 부분이다.

비슷한 주제로서 교단의 이념지향은 사회봉사비 지출액수와 관계가 있는지를 살펴본 자원봉사인력개발연구원(1990: 107-108)의 조사에 의하면 교단의 이념지향에 따라서 지역사회봉사비로 지출하는 액수는 유의미한 차이를 보이고 있다. 그런데 중도적인 이념을 보이는 교단이 지역사회봉사비로 지출하는 액수가 가장 많은 것으로 나타났다고 보고했다. 따라서 신학적 성격이 사회봉사에 미치는 영향에 대하여는 많은 논란이 있는 것이 사실이고 아직 확실한 정설은 세우지 못했다고 보아야 한다.

둘째는 지역사회복지 참여기준이다. 예장 통합 측에서는 교회의 지역사회봉사의 중요성을 주목하여 사회부를 설치하고 지역사회봉사와 사회선교의 정책을 마련하고 훈련프로그램을 실시하여 왔으며 지역사회봉사의 모델들을 개발하기 위해 노력하고 지역단위의 사회선교적 협력을 강화하고 조직하여왔다. 이와 같은 교단 차원의 노력은 개개의 지역교회에 영향을 미치는 것은 당연하다.

셋째는 교육·훈련 프로그램이다. 교단이 교회의 사회복지활동에 적극적일수록 목회자를 위한 사회복지교육·훈련 프로그램을 개발하여 실시하는 기회를 많이 제공할 것이다.

(2) 지역사회복지 참여적 관점에서의 분류

지역사회는 동질성을 가진 일정한 인구가 자연적, 생태학적, 지리적으로 한정되고 근접한 지역에 살고 있으며 역사적 유산을 공유하고 있고, 일련의 기본적 봉사기관을 가지고 공동의 생활방식에 참여하고 있으며, 단일성의 의식을 가지고 있고 협동생활을 할 수 있는 여건을 갖춘 공동체적 사회이다(이원규, 1992). 다시 말하면 지역사회는 공동체라고도 말할 수 있는데 지리적 근접성(지역성)과 사회적 단일성(공동의식) 및 문화적 동일성(공동규범)을 가지는 공동 사회적 집단이라고 할 수 있다.[11)]이는 지역사회의 의미가 시대적으로 매우 다양하게 사용되었지만 결국 "정신적 구조"로서의 성격이 가장 중요한 것으로 생각되듯이 지역사회는 개인의 정신적 현장이며 동시에 삶의 현장인 것이다. 따라서 목회자의 생각과 활동에 있어서 지역사회의 상황은 다양한 영향을 줄 것이라는 것을 추론할 수 있다.

이러한 개념에 근거할 때 지역사회는 목회자의 외체계로서의 성격을 갖는다. 외체계로서 지역사회는 하나 이상의 환

---

11) New English Dictionary on Historical Principles(Murray, Bradley, Craigh, & Unions, 1988: 702)에 의하면 "지역사회(community)"라는 단어는 "친교, 관계 또는 느낌의 공동체"라는 의미의 라틴어 communis로부터 왔는데 이 말로부터 동료시민이라는 의미로 사용된다.

경으로 구성되어 있으면서 다른 미시체계들처럼 목회자가 적극적으로 관여하지는 않지만 지역사회의 인구사회학적 특징이나 지역사회의 문제, 그리고 다양한 지역사회기관들은 교회에 영향을 주고받는 관계를 갖고 있기 때문이다.

더 나아가 교회사회 복지활동은 결국 교회의 이웃이 되는 지역주민들을 향한 관계적 활동이기 때문에 지역사회의 특징들이 목회자에게 영향을 주어 교회의 사회복지활동에 연결되는 과정을 추측할 수 있다. 따라서 지역사회의 특징을 조사하는 것은 목회자의 생태체계 연구의 중요한 부분이 될 것이다(유의웅, 1996).[12)]

지역사회의 특징은 인구, 경제, 교육 등 일반적 특징과 함께 지역사회기관과 지역사회문제를 통해 파악된다. 지역사회기관에 대하여는 사회복지기관, 관공서, 타교회, 상공기관, 교육기관 등의 유무(有無)로 측정하고 목회자와의 관계를 조사하며, 지역사회의 문제는 청소년, 범죄, 장애, 환경 등의 다양한 문제영역에 대한 심각성을 통하여 조사하는 것이 필요하다.

즉, 지역사회기관은 지역사회의 특징을 구성하는 중요한 요소라고 할 수 있다. 하나의 지역사회 안에는 다양한 기관들을 통하여 사회복지 안전망이 설치되어 있다. 교회는 이 안전망의 하나로서 중요한 역할을 갖고 있다. 그래서 박종삼(1993: 189-192)은 교회의 사회복지 프로그램을 계획하고 실시할 때

12) 교회의 지역사회의 실태를 조사한 사례에서는 유의웅(1996) 목사의 도림교회 지역사회실태조사가 있다.

유의해야 할 사항 중 하나로서 지역사회 내의 행정기관, 전문 사회복지기관과 유기적인 협조체제를 유지해야 한다고 조언한다. 따라서 지역기관체계는 어떠한 양상으로 이루어져 있는가, 그리고 그들과 교회와의 유기적 관계의 양상은 교회의 복지활동에 어떤 영향을 줄 것인가를 살피는 것은 매우 의미 있는 내용이라고 보여진다.

성규탁 등(1991)[13)]은 교회 외부와 내부의 정보교환이 활발할수록 사회봉사비 비율이 높은 것으로 나타났다고 보고했는데 이러한 정보교환이 활발한 집단과 거의 교환하지 않는 집단은 사회봉사비 비율에 있어서 9.90%대 2.64%로 나타났다고 하였다.

지역사회의 기관적 특성은 지리적으로 한정된 영역 내의 복지기관, 공공기관, 그리고 주민 및 시민단체의 활동 여부를 통해 결정될 수 있다. 먼저 사회복지기관은 어떤 특별한 사회적 문제에 노출된 사람들을 돕기 위하여 사회적 서비스를 제공할 목적으로 세워진 법인 산하의 조직, 시설 및 기관들을 말하는 것으로서 사회복지사, 전문 · 준 전문적 인력, 행정요원, 자원봉사자들, 등 일반적으로 인도적 봉사를 하는 직원들에 의해서 운영되며 그 자금은 박애적 기부금이나 정부, 사용자, 또는 제 삼의 자금제공자들로부터 공급받는다(Barker, 1995: 351).

둘째로 공공기관은 경찰서, 동사무소, 구청, 시청, 등을 비

13) 성규탁 (1991) 등은 교회 외부와 내부의 정보교환이 활발할수록 사회봉사비 비율이 높은 것으로 나타났다(F=4.34, p=.002)고 보고했는데 이러한 정보교환이 활발한 집단과 거의 교환하지 않는 집단은 사회봉사비 비율에 있어서 9.90%대 2.64%로 나타났다고 하였다.

롯한 정부행정관청과 학교, 도서관, 시민회관, 등을 비롯한 공공시설을 말한다.

셋째로 주민 및 시민단체들은 지역사회 내에서 활동하는 방범단체나 협동조합, 청년연합회, 상조회, 상공회의소, 노인회, 부녀회, 및 종교기관 등의 단체들을 의미한다.

지역사회는 독특한 문제들을 갖고 있는데 그 문제의 심각성과 조직된 정도는 교회와 목회자에게 영향을 주어 교회의 사회복지적 활동에 중요한 변수가 될 수 있음을 추측할 수 있다. 이와 관련된 연구로서 성규탁 등(1991: 43-45)은 교회가 위치한 지역 내의 사회문제가 다른 지역에 비해 심각하다고 느끼는 목회자가 속한 교회일수록 사회봉사비를 더 많은 비율로 지출하고 있는 것으로 나타났다는 것과 빈민지역의 교회들이 두 번째로 많은 프로그램을 갖고 있음을 들어서 교회의 사회봉사활동이 지역사회의 사회적 상태에 영향을 받고 있음을 볼 수 있다고 하였다. 또 그들은 지역사회가 교회를 향해 지역사회문제 해결을 기대한다고 느끼는 목회자의 교회들이 사회봉사비 비율이 높은 것으로 나타나 교회의 사회봉사활동은 지역사회의 사회복지서비스에 대한 요구를 어느 정도로 수용하고 있음을 나타낸다고 하였다. 따라서 본 연구에서는 지역사회의 문제 중 노인복지 문제에 관심을 두고 문제영역들의 심각성을 측정하여 이것이 교회의 사회복지활동과 어떤 관계를 갖고 있는지를 분석함으로써 지역사회 노인복지문제의 특징이 교회 사회복지 활동의 결정변인이 될 수 있는지를 추적해 내고자 한다.

3. 지역사회 노인복지에서 교회자원의 접근방법

1) 지역사회 노인복지 문제

우리나라는 1960년대 이후 급격한 산업화와 도시화가 진행되면서 소득수준의 향상에 따른 식생활 개선, 의학발달, 보건위생의 향상 등으로 생활여건이 개선되고 출산율의 현저한 감소 및 수명의 연장으로 선진국보다 더 빠른 속도로 노인 인구가 급증하고 있음에 힘입어 평균수명이 지속적으로 연장되고 있다. 또 고령사회에 들어선 후 7년 뒤인 2026년에는 노인인구가 20%가 되는 초고령사회가 될 것이다(최성재 외, 2003: 6, 박동석 외, 2004: 20-21).[14)]

산업기술의 급격한 발전과 이에 따른 사회 경제적 부가가치의 축적은 국민소득 수준을 한 단계 높였다. 또한 의료 및 과학기술의 발달은 인간의 평균 수명을 크게 연장시키고 있어서 세계 인구는 급속하게 증가하고 있다. 선진국은 이미 고령화 사회로 진입하였다. 고령화 사회에서 고령사회로 진입하는 데 소요되는 기간이 매우 빠르게 고령인구가 증가하고 있는데 각국의 인구고령화 속도를 비교해 보면 <표 1>과 같다.

---

14) UN에서는 65세 이상 인구 7% 이상, 14% 미만의 국가를 고령화 사회(aging society), 14% 이상 21% 미만인 사회를 고령사회(aged society), 21% 이상인 사회를 초고령사회(super aged society)로 구분하고 있다.

〈표 1〉 각국의 인구고령화 속도 비교(65세 이상 인구)

구 분	년 도		소요연수 (7%→14%)
	7% 수준	14% 수준	
일본	1970년	1994년	25년
미국	1942년	2014년	72년
영국	1929년	1976년	47년
프랑스	1864년	1979년	115년
독일	1932년	1972년	40년
스웨덴	1887년	1972년	85년
한국	2000년	2019년	19년

자료 : 일본 국립 사회보장, 인구문제 연구소, 「인구통계자료집」, 2000, 통계청, 「장래인구추계」, 2001. 12.

우리나라 인구구조가 급속하게 고령화 되어가는 이유로 저 출산, 저 사망, 평균 수명의 증가, 결혼관의 변화와 출산율의 감소 등의 요인을 들 수 있다. 인구의 고령화는 인구구조의 전환, 즉 높은 출생률에 의해 형성된 노인인구가 낮은 사망률을 보이는 일정한 시기에 도달할 때 상대적으로 저 출생률을 보이게 되면서 가속화된다. 즉, 2005년에도 저 출산과 고령화 문제가 사회적 이슈가 되고 있으며, 2005년 고령 인구비율이 9.0%로 전망되어 이미 고령화 사회 초기단계에 진입하였고 고령화 사회를 향해 더욱 빠르게 진행하고 있다. 이는 평균수명연장, 출산율 하락 등에 따른 고령화는 선진국 공통의 현상으로 이미 다수의 선진국들이 고령인구 비율 14% 이상인 고령사회로 접어든 상태이다. 하지만 우리나라의 고령화 현상은 진행속도가 세계에서 가장 빠르다는 측면에서 그 부정적 영향이 확대될 것으로 예측된다. 2002년 7.2%로 고령화 사회에 접어든 우리나라는 2019년에 14.4%로 고령사회에 진입, 2026년에는 20.0%로 초고령 사회에 도달할 전망이다. 고령인구비율이 7%에서 20%로 증가하는데 걸리는 기간을 국가별로 비교해 보면 한국이 가장 빠르다. 프랑스가 155년, 영국이 91년, 미국이 88년, 이탈리아 81년, 독일 78년, 일본이 36년 걸리는 반면 우리나라는 26년에 불과한 것으로 예측되고 있다. 이미 20년~30년 전부터 고령화 사회의 도래를 예견하고 준비를 해온 선진국들과 달리 우리나라의 경우는 준비할 시간이 턱없이 부족한 것으로 전망되어 시급한 고령화에 따른 노인복지 문제가 사회적 이슈와 관심으로 떠오른 것이다.

2) 지역사회 노인복지에서 교회자원의 접근방법

(1) 참여유형별 실천방법

지역사회 노인복지는 국민 모두가 문화적이고 인간다운 삶을 살도록 하기 위하여 사회적 시책에 의한 제도적 체계가 요구된다. 이와 비슷한 활동으로 지역사회복지는 사회복지를 위하여 전문적 사회복지가의 기능에 의한 기술적 서비스 체계이다.

지역사회복지의 목표는 인간의 존엄성과 가치를 최고의 목표로 삼고 있다. 우리나라 헌법 제10조에서도 "모든 국민은 인간으로서 존엄과 가치를 가지며, 행복을 추구할 권리를 가진다."라고 선언하고 있다. 교회가 사회복지를 실천할 경우 사회기관이

될 수 있으며, 교회가 사회복지를 실천할 때의 목표는 인간 존엄성의 바탕 위에서 개개인 영혼 사랑과 구원을 목표로 하여야 한다. 이러한 원리에 의한 사회복지의 실천 접근론에 대한 이론적 준거로서의 방법에는 3가지 접근방법이 응용되고 있다(김융일, 조홍식, 김연옥, 2001: 18).

① **정책론적 접근** : 지역사회문제가 지역사회제도상의 결함으로 인한 전 국민 대상일 때는 지역 사회구조적 현실적 문제에 중점을 두며, 국가가 책임을 느끼고 국가가 지역사회복지의 주체가 되어 접근한다. 즉, 국가가 국민의 최저생활보장과 인간다운 생활을 보장하여 안녕 질서를 유지하도록 하는 것이다. 이는 사회보험, 공적 부조 등 지역 사회보장제도를 비롯한 사회정책 등이 제기된다.

② **병리론적 접근** : 이것은 지역 사회적 문제가 되는 빈곤, 무지, 태만, 음주, 방탕, 질병, 자살, 폭력, 도박, 마약, 절도 및 강도 등의 각종 범죄 즉 3D(질병, 비행, 가난)의 사회적 병리현상의 과학적 분석과 지역 사회적 진단을 행하는 접근론이다(김영호, 2000).

③ **기술론적 접근** : 기술론적 접근은 사회복지, 사회복지의 본질을 기술과학으로 정립하려는 입장의 이론이다. 즉 인간 개인의 개별적이고 구체적 사실에서 그 대책을 구하고자 하는 접근론 이다. 이것은 문제의 소재를 부적응이나 욕구불만에서 일어난다고 생각하며 문제 해결에 있어서 사회 환경 조건의 개선과 개인 내면에 존재하는 성격개발에 주안점을 두고 있다.

그리하여 개인이 가지는 심리적, 정서적, 사회적 부적응의

원인을 찾아내고 이에 억압되어 있는 감정을 심리학적, 정신분석학적으로 발견하여 치료할 수 있도록 원조하는 방법론인 것이다. 다시 말하면, 기술론적 사회복지사업은 개인이 거주하고 있는 사회 환경을 개선하여 개인으로 하여금 환경과 제도에 적응하도록 정신적으로나 심리적으로 인간을 조정하는 기술적 접근론 이라고 말할 수 있다(박영호, 2002).

이상에서와 같이 고도의 전문적 기술을 통한 사회복지활동이 개인, 가족, 집단, 지역사회의 사회적 문제를 해결토록 도와주는 것이므로 이에 따라 개별지도 사회복지, 집단사회복지, 지역사회조직사업관점에서 위의 세 가지 방법이 가장 보편적으로 적용되고 있는 실천방법이다(박종삼, 2000).

이같은 사회복지실천 접근방법의 기술적 체계 초점은 사회적 기능 수행의 향상으로서 사회적 상호작용과 관련되어 있으며, 이것은 환경간의 상호작용을 통하여 어떠한 일이 진행되고 있는가에 관심을 두며 인간과 환경을 하나의 개념 속에 포괄하고 있다. 그리고 여기서 사회적 기능수행의 개념은 인간의 대처능력과 환경적 요구간의 균형을 개선하는 것이라 할 수 있다. 따라서 위의 세 가지 방법론은 결국 상호유기체적 관계 속에 조화롭게 교회자원규모와 지역복지실태 및 현안에 맞게 선별적으로 사용될 수 있을 것이다.

따라서 교회의 지역사회 노인복지를 위한 실천방법은 형태와 규모에 따라 ① 직접운영방법 ② 자원제공방법 ③ 간접지원방법의 3단계로 대별될 수 있는데, 박종삼(2000)의 실천모델

〈표 2〉 교회자원의 지역사회복지 참여 접근모델

내용 유형	내 용	구체적인 예
모델 A	교회가 사회복지재단을 설립하고 체계적 · 전문적 사회복지서비스를 제공하는 모델	사회복지관 노인시설 등
모델 B	교회건물을 중심으로 교회자원을 동원하여 자원 봉사적 서비스를 지역 주민에 제공해 주는 모델	사랑의 식탁 노인학교 등
모델 C	교회는 그 자체로 사회봉사를 실시하지 않고, 다만 자원봉사 요원으로 교인을 훈련시켜 지역사회 내 여러 복지시설이나 기관 또는 요보호가정에 파송하여 사회봉사를 실시하는 모델	자원봉사단 호스피스 등

자료: 박종삼, 전게서, 1990.

을 바탕으로 보다 세분화시키면 <표 2>와 같다.

첫째, 사회복지재단 설립운영 모델로 사회복지재단설립 직접운영 실천방법에 있어 김흥권(1997)의 연구에 따르면 한국의 9가지 종류(지체장애수용시설, 부랑인수용시설, 아동복지시설, 장애인복지시설, 정신장애인 요양시설, 노인복지시설, 결핵환자 수용시설, 부녀복지시설, 병원시설 등)의 사회복지시설 법인의 현황 분석결과 시설법인 전체의 75%를 기독교가 운영하고 있어, 기독교는 어느 종교보다도 사회복지 실천에 충실하고 있는 것으로 나타났다.

또한 한국사회복지관협회(2000)에 따르면 기독교에서 교회 또는 교단의 이름으로 사회복지관을 운영하는 곳은 45개소에 이른다고 하였다. 이 중에 노인복지관의 경우 기독교에서 운영하는 노인복지관은 7개소로 보고 되고 있다.

이러한 실천방법은 <그림 3>에서 보는 바와 같은데, 사회복지재단 설립을 통한 노인복지프로그램 실천은 대규모교회 또는 여러 교회가 연합한 형식을 고려해 볼 수 있다. 특히 보다 독립적이고 전문적인 프로그램을 실시할 수 있으므로, 특정 분야에 집중하여 프로그램을 개발할 수 있으며 정부에서 복지관이나 복지시설을 위탁받아 운영하는 모델을 생각해 볼 수 있다.

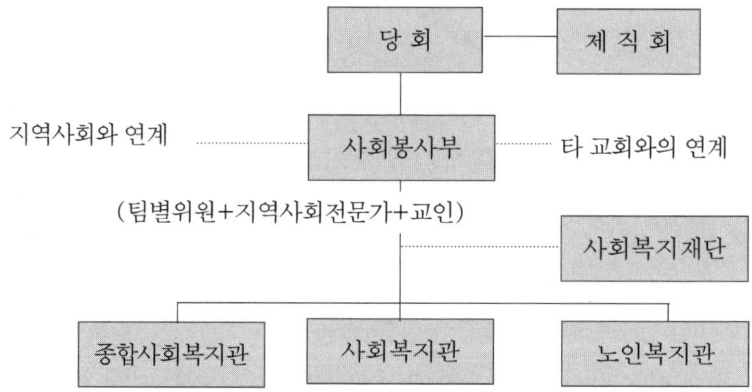

〈그림 3〉 사회복지재단 설립운영 모델

자료: 한국사회복지관협회, 사회복지관백서, 2000, p.39.

둘째, 교회시설자원 실천방법으로 시설자원은 교회가 가지고 있는 시설과 공간을 의미한다. 교회는 대부분이 예배당, 교육관, 사무실, 식당, 회의실, 주차장 등을 보유하고 있으며 선교센터, 지역개발원, 유치원, 선교원, 사회 교육관을 운영하는 교회도 많이 있다. 그러나 이러한 다양하고 막대한 시설자원은 대부분 주일 이외의 시간에 거의 이용되지 않고 있는 실정이며, 이에 대한 지역사회의 비판도 적지 않다. 따라서 이러한 시설들을 기반으로 노인복지 서비스를 실시하는데, 이는 새로운 시설투자 없이도 시설자원을 활용할 수 있는 대안적 방법이다.

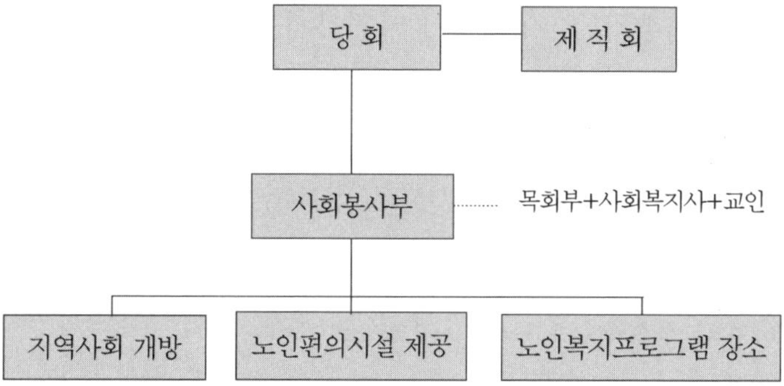

〈그림 4〉 교회시설자원 활용 모델

자료: 한국사회복지관협회, 사회복지관백서, 2000, p.39.

셋째, 교회인적자원 실천방법은 교회는 다양하고 풍성한 인적자원을 가지고 있다. 그리고 교회는 성경에서 강조하는 사랑의 정신을 가진 사람들의 모임이다. 뿐만 아니라 사회의 각계각층에서 일을 하는 전문가들이 많다. 특히 복지 분야에서 자원봉사 할 수 있는 전문직, 예를 들면 의사와 한의사, 간호사, 상담가, 사회교육전문가, 복지기관 종사자, 기존 자원봉사자, 취미활동 강사 등의 전문가가 있으며, 생각을 같이 하는 사람들끼리의 친교 그룹도 있다.

또한 교회는 심방이라고 하는 가정방문을 통한 예배가 있다. 이것은 교인들의 가정을 직접 찾아가 그 가정의 문제를 가지고 함께 예배하며 근본문제를 해결하여 즐거운 생활을 할 수 있도록 하는 일이다. 이러한 심방의 일을 확대하여 교인뿐만 아니라 비교인에게까지 하나님의 사랑을 가지고 찾아가는 일이 곧 자원봉사자 파견 사업이다. 교회는 이미 심방이라고 하는 가정방문을 하고 있기 때문에 자원봉사자 파견 사업을 시도하기에는 훨씬 쉬운 입장에 있다. 특히 교회는 지역별로 구역회를 조직하고 있기 때문에 도움을 필요로 하는 노인들을 지역별로 조사하여 구역회를 중심으로 자원봉사 활동을 전개하면 훨씬 더 친근감을 가지고 돌볼 수 있을 뿐만 아니라 구역원들 간에도 봉사를 통한 결속력을 다질 수 있다.

이러한 교회인적자원 실천방법을 도식으로 표현하면 <그림 5>와 같다.

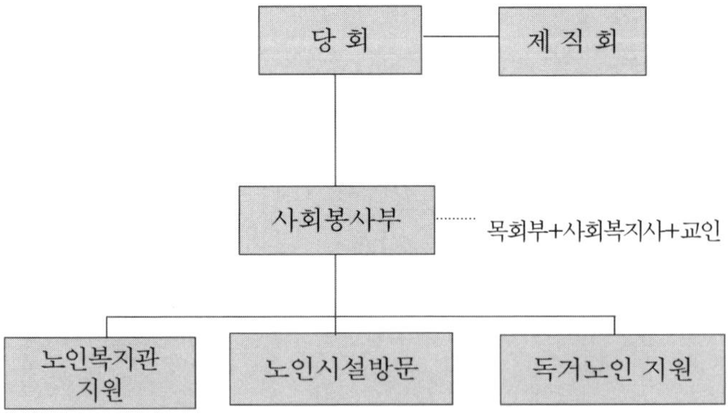

〈그림 5〉 교회인적자원 활용 모델

자료: 한국사회복지관협회, 사회복지관백서, 2000, p.39.

이러한 기본적인 조건을 가지고 있는 곳이 교회이기 때문에 자원봉사자를 모집하는 것뿐만 아니라 실제로 자원봉사자로 활동하기가 어려운 사람이라 할지라도 교회에서 자원봉사자 양성을 위한 교육프로그램을 운영할 때 참석 할 수 있는 좋은 조건을 가지고 있는 것이다(임영호, 1995: 114). 그리고 자원봉사자를 양성하기 위한 강사를 교회 내에서 충분히 찾을 수 있기 때문에 프로그램 운영경비를 최소화할 수 있을 뿐만 아니라 서로의 상황을 잘 아는 상태에서의 교육자와 피교육자의 만남이므로 때문에 교육의 효과를 충분히 높일 수 있는 장점도 가지고 있다.

(2) 참여수준별 접근방법

박종삼(1990)은 교회의 지역사회복지에의 참여수준 제고를 위해 각 교회가 갖는 자원, 주체, 방식에 따라 각기 다른 점에서 위의 형태를 구체적으로 고려하여 지역사회의 노인복지 참여수준도 각 교회의 규모와 자원을 고려해 아래와 같은 적극적, 소극적, 간접적 참여 모델에 따라 접근방법이 달리 모색될 수 있다고 하였다. 따라서 본 연구에서는 각 교회의 노인복지적 특징을 조사하기 위해서 교회에서 실시하는 사회복지프로그램의 유무와 목회자의 참여형태를 측정함으로써 이러한 참여 변인이 인적자원, 재정자원, 시설자원, 교육자원에 따라 다를 것이므로 이를 반영한 사회복지활동참여에 미치는 영향을 측정하고자 한다.

〈표 3〉 교회의 지역사회복지 참여의 형태

구분	적극적 참여형		소극적 참여형	간접적 참여형
운영모형	독립법인 운영	위탁 운영	자체설치 운영	봉사동기고취운영
운영주체	종교기관이 파송한 법인 운영위원회	종교기관이 파송한 법인운영위원회	소속운영위원회	소속운영위원회
운영방식	직접 투자하여 독립법인 설립	정부나 지방자치단체가 설립하여 위탁관리	프로그램의 일환으로 특별 위원회에 운영위임	내부사회봉사부사업으로 교육, 훈련 및 파견운영
주요프로그램	사회복지시설의 전형적인 프로그램	사회복지관 프로그램	아동, 노인, 장애인, 빈민지원프로그램	사회봉사육, 훈련
장점	운영의 자율권 확보정부재정지원	재정 부담이 없음, 정부재정지원	운영의 자율권확보, 자원동원 원활	재정 부담 없음
단점	재정부담 정부간섭	정부의 간섭	수혜대상의 범위제한 가능성	교육과 선교 치중가능성, 사회복지 참여의식
사례	사랑의 교회 복지관	노인종합복지관(부천기둥감리교회)	도립교회지역 사회개발교육원	자체 내 설치된 노인대학

자료: 박종삼, 전게서, 1990.

앞의 분류기준에 따른 참여수준별 실천은 선교에 있어서, 사회사역의 기능은 보다 완전하고 총체적인 선교의 개념을 정립함으로써 이해될 수 있다.

4. 지역사회 노인복지실천을 위한 교회자원의 유형

교회의 일반적 자원은 교회의 존속기간과 총 예산, 교인의 수 등에 따라 다르다. 여기서 재정상황을 말해주는 총예산의 경우, 사람들이 지역사회봉사 사업에 참여하고 계획하는 데 있어서의 가장 큰 어려움을 재정문제로 꼽고 있다는 사실에 근거할 때(대한예수교장로회총회사업부, 한국교회 사회봉사사업 조사연구, 1995) 목회자들에게 중요한 영향을 주는 변인임에 틀림이 없을 것이다. 같은 맥락에서 교인 수도 인적자원의 형편을 결정하는 요인이 될 것이며 교회의 존속기간은 교회의 총예산과 교인 수에 영향을 주는 항목으로 성규탁 등(1991: 19)의 조사에서는 교회가 존속해온 기간이 6년에서 15년이 31.7%로 가장 많았고 36년 이상 된 교회가 26.5%가 되었다고 보고했다.

두 번째로 교회의 총예산에 대한 상황에 대하여 성규탁 등(1991: 20)의 보고서에는 천만원에서 오천만원 이하인 교회가 40.6%로 가장 많았지만 천만원 이하인 영세교회도 11%나 되었고 3억 원 이상인 대규모 교회도 5.5%나 되었다. 이 항목에 있어서 92년에 매우 자세하게 조사하여 발표한 노치준(1995: 153)의 조사에 따르면 한국교회의 재정규모는 다음의 <표 4>와 같이 나타났다. 이 표는 대체로 대도시로 갈수록 교회들의 전체적 예산이 높아지고 작은 범위로 갈수록 그 금액은 낮아지는 양상을 보여주고 있으며, 교회 크기에 따른 도시별 재정규모를 보여준다.

〈표 4〉 교회 크기에 따른 도시별 재정규모(만원)

지역 재정규모	서울	부산	광주	시	읍	면
소규모교회	5,237	3,921	2,765	3,458	2,272	1,697
중소규모교회	13,661	7,837	9,306	9,898	4,628	5,598
중규모교회	27,198	21,017	23,843	23,037	16,315	14,763
대규모교회	56,272	45,703	43,352	43,272		
초대규모교회	281,405	70,595	91,184	59,598		
전체	24,028	16,328	19,391	13,463	4,733	3,078

지역사회 노인복지 실현을 위한 교회자원의 유형을 살펴보면 다음과 같다.

1) 교회의 인적자원

(1) 지역사회 노인복지 활용자원

지역사회 노인복지활동에는 여러 가지 자원의 동원이 가능하다. 그렇다면 교회가 갖고 있는 노인복지 자원이 풍부할수록 목회자도 지역사회 노인복지활동을 활발하게 전개할 수 있을 것이다. 인적자원은 교회 교인들의 일반적인 경제적 수준과 교육적 수준, 그리고 출석률과 일인당 헌금액으로 측정되는 헌신적 수준으로 측정될 수 있을 것이다.[15] 교회의 시설

15) 이와 같은 헌금과 총예산에 대한 조사와 함께 이 보고서는(노치준, 1995:33) 교회 안에서 사용되는 비용(교역자 급여 32.2%, 교육비 7.9%,

적 특징은 교회시설의 건물평수와 지역사회 노인복지를 목적으로 활용되는 시설의 규모를 통해 평가되며 교회의 재정적 특징은 재무구조의 건전성 여부로 측정될 것이다.

미국기금모금위원협의회 박애사업이사회(American Association of Fund-Raising Counsel Trust for Philanthropy: AAFRC)의 발표에 의하면 교회에 출석하는 미국의 교인들(2.2%)은 교회에 출석하지 않는 사람들(1.4%)보다 구제를 위하여 자신의 소득을 훨씬 많이 제공하는 것으로 나타냈다(박종삼, 2000).

이와 같은 기부현상은 자신의 교회에 국한된 것이 아니라 모든 비영리형태를 포함하여 나타난 것이라고 하였다. 이와 같은 사실은 교회의 출석정도가 지역사회 노인복지에 영향을 주는 중요한 변수가 될 수 있다는 사실을 말해준다.

예배비 5.3%, 관리비 16.2%, 운영비 10.4%, 건축비 10.3%)이 전체의 82.4%이며 교회 밖으로 사용되는 비용은 전체의 9.3%에 불과하다고 하였다. 이와 같은 양상은 한국교회가 조직 내의 물질적 자원을 개별 교회의 유지와 확장을 위해 주로 사용함으로써 개교회 주의적 성격으로 나타내는 것이라고 평가한다. 한편으로 교인 수에 있어서 성규탁 등(1991: 21)의 조사에서는 교회출석 성인수가 100명 이하인 소규모 교회가 33.1%, 101명에서 500명 이하인 교회가 45.9%로 보고 되었다. 같은 조사(성규탁 등, 1991: 19)의 교회의 위치에 대한 항목에서는 대도시에 위치한 교회가 46.2% 중소도시 23% 농어촌 21.1% 그리고 도시변두리가 10.5%로 나타났다고 한다. 그러나 성규탁 등(1991: 35)은 교세를 반영하는 소재 지역, 총예산, 교인수, 그리고 교인의 생활수준은 사회봉사비 비율과 관련이 없는 것으로 나타났으나 교회의 존속기간이 짧을수록 교회의 사회봉사비 비율이 높은 것으로 나타났다고 하였다.

(2) 교인의 복지적 태도 관점에서의 인적자원

일반적으로 지역사회 노인복지실천은 매우 높은 수준의 동기를 요구한다고 볼 때 교인들이 갖고 있는 지역사회 노인복지실천에 관한 태도 유형은 매우 중요한 결정요인으로 작용할 것이다. 성규탁 등(1991: 37)은 교회 부서간의 우호적인 태도나 협력적인 분위기가 형성될수록 지역사회 노인복지 활동이 활발한 것을 통하여 그것의 중요성을 설명하였다.[16] 또 교인들의 낮은 호응도가 지역사회봉사를 실천하는 가장 큰 어려움이라고 응답한 사람들도 많다고 하였는데 대한예수교장로회총회사업부 한국교회 사회봉사조사연구(1995)에서는 교인들의 소극성이 9.2%였고 사회봉사 총람에서는 당회, 제직회의 소극성이 11.6%이었다고 나타났다. 의사가 결정되는 과정에서 교인들이 높은 동기와 협력적 태도를 보여주는 것과 낮은 동기와 수동적 태도를 보여주는 것은 목회자에게 사회복지실천을 하는 데에 있어서 크게 다른 영향을 미침을 알 수 있다.

---

16) 성규탁 등(1991: 21)의 조사에서는 교인들의 생활수준이 중수준 36.9% 중하수준이 44.8%로 집계됨으로써 교회의 교인의 일반적 수준이 대체적으로 낮은 것으로 나타났다. 또 같은 조사(성규탁, 1991:36)에서 조사대상 목회자들이 재정상의 어려움을 사회봉사 실천에 대한 저해요인으로 들고 있는 것으로 나타났다. 하지만 변량분석결과를 볼 때 총예산이 많아져도 사회봉사비 비율이 증가하지는 않는 것도 발견하였다고 하였다. 이러한 사실은 교회의 자원 수준보다 더 중요한 요인들이 교회의 복지적 활동을 결정하는 요인으로 작용하고 있다고 보게 한다. 이들의 조사에서 한 가지 주목할 내용은 특별헌금을 많이 할수록 사회봉사비 비율은 높아지는 경향이 있다고 한 것이다. 교회의 자원은 유한하지만 그것을 동원하기 위한 노력이 많아질수록 교회의 사회복지적 활동은 더 활발해질 수 있을 것이다.

한편, 개신교는 한국 전체 인구의 26.75%를 차지하는 한편, 과거와는 달리 신도들의 의식수준, 교육수준이 높아지고 있다. 그러기에 한국교회는 막대한 인적자원을 보유하고 있다. 이것은 이들을 사회복지사업의 자원으로 동원할 수 있다는 가능성을 나타내는 것이기도 하다. 교회 내에는 의사, 교육자, 법률가 등의 전문 인력과 준 전문 인력, 그리고 이들을 보조할 수 있는 인적자원이 많이 있다. 이러한 인적자원을 잘 활용하여 지역사회 노인복지를 위한 실천으로 투자되어질 때 그 효과는 대단할 것이다.

그러나 대한예수교장로회 통합측 2,008개 교회를 대상으로 조사한 것을 보면(1995) 교인들 중 한달에 한번 이상 지속적으로 교회 외부의 복지시설이나 기관에서 자원봉사활동을 하고 있는지를 조사한 결과 52%가 자원봉사활동에 참여하지 않는 것으로 나타났다. 무응답자 12%를 자원봉사를 하지 않는 경우에 포함시킨다면 약 64%의 교회에서는 인적자원인 평신도를 자원봉사에 활용하는 일에 관심이 없는 것으로 나타났다(대한예수교장로회, 1995).

또한 대전광역시사회복지협의회(1997) 연구보고서 '지역사회복지시설의 자원봉사 활성화를 위한 교회와의 연계방안'에 의하면, 교인들의 57.3%가 사회봉사활동에 '적극참여', 41.3%가 '적당히 참여 하겠다'고 응답하였다. 김동배(1994)의 연구에서 교회소재지별 자원봉사자 유무 조사에서 정기적인 자원봉사자가 있는 교회가 35.8%나 되었다. 따라서 이러한 인적자원이 적극적인 수준으로 지역사회 노인복지실천에 활용될 수 있도록 조직적이고 체계적인 사회봉사참여 프로그램을 기획, 관리하고 전문적으로 교회들이 운영할 수 있게 한다면 재정적 경비부담을 가지지 아니하고도 교회들이 지역사회에서 노인복지 증진의 본보기와 전도의 전략적 측면으로 효과적인 반응을 얻을 수 있다.

모든 일에 있어서 사람이 없이 기계만으로 이루어지는 일은 거의 없다. 그러나 인건비는 대단히 큰 비중으로 부담 작용을 하고 있는 반면, 자원자를 운영, 관리하여 줌으로써 일거다득의 효과를 얻을 수 있는 큰 장점을 가지고 있다. 다만 비전문인으로서 과정상의 어려움과 실적 면에서 모두다 양질의 결과를 얻을 수 있다고 하면 그것을 효과로 보아야 한다. 물론 보다 더 교회들이 교육과 워크숍, 세미나 등을 통해 전문 양성기능까지 가질 수 있도록 한다면 금상첨화겠지만 그렇지 아니하더라도 잠재적 가용 인력자원을 찾아주는 것만으로도 영향을 줄 수 있는 것이다.

2) 교회의 재정자원

재정자원이란 교회의 본래적인 기능인 선교, 교육, 봉사사업을 수행하기 위해 일정량의 재물, 재화를 조달하고 그것을 관리, 운영하는 자원을 말한다. 주로 교회의 십일조, 헌물, 기타 헌금 등을 의미한다.[17)]

기독교적 신앙에 따르면 인간사회의 모든 자원은 하나님의 소유이며, 사람은 그것을 선하게 사용할 청지기이다. 그리고 교회는 대부분 재정자원을 인간의 복지를 위해 사용하여야 한다는 지상명령을 하나님으로부터 받고 있다. 이러한 점에서 복지활동의 재정자원은 기독교에서 가장 큰 기능을 지니고 있다(박종삼, 1987).

아무리 좋은 계획과 목표가 있다고 할지라도 재정이 뒷받

---

17) 교회의 재정자원은 처음에는 신앙의 표현으로 헌금에만 의존해 왔으나 정치적으로 건물임대, 수익사업 등 여러 가지 헌금의 수익방안이 매우 복잡한 형태로 나타나고 있다. 그 중 헌금 수입은 다음과 같다.

① 십일조 : 십일조의 기원은 아브라함이 멜기세댁에게 소득의 십분의 일을 바친 것이 시초가 되었다(창세기 14장 17-20절). 그 후 모세의 율법에 명시되어 구체화되었다(레위기 27장 30-33절). 구약시대에서 내려오던 십일조제도는 신약시대에 들어와서 큰 변화를 가져왔으며 예수님은 바리세인들의 알맹이 없는 형식주의 헌금(마태복음 23장 23절)을 책망하고 양보다 질을 강조했다(마태복음 19장 16-21절, 마가복음 10장 18-21절). "십일조는 하나님께서 우리에게 물질적 탐심에서 자유케 하시려고 최저선을 그어 주심으로 하나님 중심으로 살도록 하는 교육방침과 하나님 계산 방법이다." 교회재정편찬위원회, 교회재정론, 광명 : 정문출판사, 1985, p.63.

② 주일헌금 : 주일예배에 드리는 헌금은 십일조헌금과는 달리 자원헌금이다. 공수로 여호와께 보이지 말라(신명기 16장 16절)는 말씀과 초대교회 때 매주일 첫날에 연보한 사실이 주일 헌금의 근거가 된다(고린도전서 16장 1-2절).

③ 절기헌금 : 절기헌금은 "여호와께서 네게 복을 주신 데로 네 힘을 헤아려 자원하는 예물을 드리는 것"으로 부활절헌금, 맥추절감사헌금, 추수감사절헌금, 성탄절헌금 등이 이에 속한다. 김계옥, 교회와 행정, 서울 : 교회교육원, 1987, p.107.

④ 작정헌금 : 작정헌금은 하나님께 미리 바치기를 약속하고 그 후에 드리는 헌금이다. 아가야에서는 일 년 전부터 예비하였다(고린도후서 9장 2절).

침되지 못할 경우 그 계획과 목표는 실현되기 어렵다. 교회의 전체 예산중에 사회복지를 위한 예산은 너무도 미비하다는 사실을 알 수 있다. 한국교회가 적극적으로 사회복지사업을 수행하지 못하는 이유에 대해서 연구한 결과에 따르면 가장 큰 원인을 재정부족(40.2%)으로 보았고, 목회자들 역시 교회 재정상의 어려움(47.1%)을 지적하고 있다. 그리고 교회 사회복지사업에 있어서 가장 큰 어려움은 사회복지사업에 쓸 수 있는 재정의 부족(61.%)을 꼽고 있다(이원규, 1999).

한국교회의 교회 자원은 지역사회 노인복지실천보다는 교회의 외형적 성장에 투입되고 있는 것이 현실이다. 한 조사기관의 조사에 의하면 2,008개 교회 가운데 절반이 사회봉사비로 5% 이하를 사용하고 있는 것으로 나타났다(대한예수교장로회 총회사업부, 1995). 이삼열(1992)의 연구에 따르면 한국교회의 예산에서 사회봉사비가 차지하는 비율이 7% 내외라고 한다. 이것은 교회재정에서 교회가 사회봉사를 위해 사용하는 비용이 너무 적다는 것을 단적으로 나타내 주는 실례이다.

즉, 한국교회는 교회 예산 가운데 일정 부분이 사회봉사를 위해 사용되어질 수 있는 적절한 방안을 강구해야 하는데 특히, 교인들에게 지역사회의 생명문제를 이해시킴으로 더 신앙적으로 기쁜 마음을 가지고 이 일에 참여케 하여야 할 것이다. 더욱이 교인들이 바친 헌금이 사회봉사를 위해 적절하게 사용되어 진다는 사실을 피부로 느낄 수 있도록 할 때 더 많은 성도들이 이 일을 위해 더 많은 헌금을 투자하게 될 것이다. 사회봉사를 위한 헌금 이외에도 교회에서는 교우들에게 의료품, 식료품, 학용품, 교육자료 등을 불우한 이웃과 함께 나누어 쓸 수 있는 방법을 강구하여 제시하고 그 장을 만들어 주어야 할 것이다.

사회복지사업 재정마련을 위한 방편으로 가톨릭에서는 사회복지주일 헌금, 자선주일, 사순절 2차 헌금, 연말연시 불우이웃 돕기 헌금을 제도화하고 있고, 대한예수교장로회(통합)의 경우는 재해구호헌금과 연말연시 특별구호헌금, 사회봉사주일 헌금을 통해 사회복지를 위한 특별헌금을 제도화하여 지역사회 노인복지 참여를 적극적으로 추진하고 있다(김동배, 1994).

그러나 교회의 재정자원 측면에서 대규모 교회나 재정적 구조가 충실한 교회를 제외하고는 대부분의 한국 교회는 교회의 재정이나 예산이 원만하지 못하다. 재정자원이 교회운영을 위해 관리 운영하는 데에도 많은 어려움을 겪고 있다. 큰 교회 역시 재정적 여유가 있다 해도 사회복지를 위한 재정확보나 운영에는 역시 문제를 안고 있다. 우리가 기억하여야 할 사실은 교회의 지역사회 노인복지를 위한 재정자원은 세속적인 자본주의 사회에서 간주하는 단순한 화폐가치가 아니라 지역노인의 아픔과 고난의 짐을 나누어 주는 생명구원과 구호의 강력한 수단이라는 사실을 영적으로 깨달아야 한다는 점이다(김봉익, 1994).

한편, 재정지출에 있어서도 성경은 주로 레위인과 구호대상자들의 비용지출로 주로 쓰이는데 사용토록 하는 것이 그 원칙이다. 현재는 교직자(목회자, 직원)와 교회운영이 주요 지출

항목이며, 사회복지사업(교회내외), 선교비(국내와 해외선교비), 건축비, 상해비나 부담금, 기타(도서비, 목회비 등) 비용으로 쓰인다. 각 교회마다 재정 지출 내용이 다르긴 하지만 거의 공통적이다.

감리교회를 대상으로 한 이원규(1999: 178)의 조사에 의하면 1996년 결산 중에서 각 항목의 용도로 지출된 금액 중에 구제 및 봉사의 항목으로 지출된 금액의 비율은 7.2%이었다. 이것은 다른 항목들 즉 건물건축 및 시설확장(13.9%), 전도 및 설교(10.4%), 교육 및 문화사업(9.2%), 교역자 생활비(28.4%), 교회유지비(19.3%) 등의 항목에 비교할 때 상대적으로 낮은 것이지만 1970-1980년대의 비율이 대체로 3-5%선이었던 사실을 비교하면 두 배 정도 성장한 것으로 나타났다.

한국자원봉사능력개발연구회(1990:109)의 연구에서는 교회의 사회봉사비 비율의 평균이 7.02%, 중앙값이 5.0%로 나타났다. 같은 조사에서 조사대상 교회의 절반 이상이 일년 예산의 5% 이하를 사회봉사비로 지출하고 있는 것으로 나타났다. 그리고 대부분의 교회에서 사회봉사비는 예산 항목의 최하위에 머무르고 있었다. 그리고 이 조사에서 목회자와 신도 대표 2,000명의 대상 중에 75%가 교회의 사회봉사 프로그램이 저조하다고 대답했다. 이와 비슷한 시기에 조사된 성규탁 등(1991: 15-16)의 조사에서는 사회봉사비 비율이 7.82%, 중앙값이 5.0%로 나타났다고 보고하였다.

한편, 한국교회의 교회 총예산 중 사회봉사비 지출비율은 미국교회(15%)의 사회봉사비 지출과 비교했을 때 절반이하의 수준이며, 캐나다 교회(21%)의 3분의 1 수준에 머무르는 것으로 나타났다.[18] 노치준의 조사가 후자들의 조사보다 10년 정도 앞선 것임을 감안할 때 사회봉사비는 1980년대를 거치는 동안 매우 많은 성장을 기록했지만 아직도 매우 낮은 양상을 보여주고 있어 모든 한국교회는 재정자원의 적극적 투입을 통해 지역사회 노인복지 증진에 이바지해야 할 것이다.

3) 교회의 시설자원

시설자원이란 교회 내의 모든 건물 및 시설에 대한 자원을 말하며 교회예배당과 부속시설 등을 의미한다. 시설자원은 우선 그 교회 내에 존재하고 있는 모든 시설자원을 파악한 다음 이를 지역사회 노인복지에 어떤 순위에 입각해서 사용·개발되는가 하는 문제를 해결해야 한다. 이러한 문제는 교회 내 교인의 공통적인 욕구를 기초하여 제한된 자원을 어떻게 하면 효율적으로 이용할 수 있는가, 또한 최소의 투입으로 최대의 산출을 얻을 수 있는 자원의 효과적 결합은 무엇인가 하는 점을 염두에 두고 조직화 되어야 한다.

---

18) 자료 : Eilleen W. Lindner(2000), Ed. Yearbook of American and Canadian churches 2000: Religious Pluralism in the New Millennium, 68th ed., New York : National Coundil of the Churches of Christ in the United States of America, p.361.에서 편집.

그리고 이러한 자원의 결합과 조직이 지역사회 노인복지 개발사업 수행에 얼마나 기여할 수 있는가를 계산하여 최대한으로 그 기여도를 높일 수 있는 방향에서 조직화되어야 한다.

한국 교회는 전국적으로 각 지역에 적재적소에 위치하고 있고, 교회의 크기에 따라 차이는 있지만 대부분 건물을 보유하고 있으며, 부속기관을 운영하는 교회들이 많다.

교회시설에는 주로 교회 예배당, 교육관, 사무실, 식당, 회의실, 주차장 등이 있으며, 부속기관으로는 선교원, 유치원, 선교센터, 어린이집, 놀이방, 공부방, 사회교육원, 경로당, 무료식당, 장애시설 및 기타 등이 있다.

이러한 교회시설들은 지역사회 노인복지센터의 역할을 충분히 감당할 수 있는 여건을 가지고 있으며, 이들을 잘 활용하고 주변의 지역기관과의 유대를 강화하여 활용한다면 더 없는 지역사회복지사업의 활성화에 크게 기여할 수 있을 것이다.

이와 관련하여 박경숙(2003)은 교회의 사회복지 중 시설자원은 교회가 가지고 있는 시설과 공간을 말하고 대한예수교장로회산하(통합측) 교회들은 37.7% 정도가 전용 교육관을 가지고 있으며 9.2%가 교회묘지를, 2.2%가 수양관을 그리고 12.3%가 사회봉사 겸용관을, 1.9%가 사회봉사 전용관을 가지고 있어 교회묘지나 수양관을 제외하고 사회복지활동을 하는데 활용할 수 있는 공간이 있는 경우가 약 50%가 되는 것으로 나타났다. 한국의 모든 교회의 시설들이 지역사회의 복지자원으로 활용할 수 있도록 개방한다면 국민들의 복리증진과 사회복지사업에 크게 공헌하게 될 것이다. 개교회 역시 교인들의 좁은 울타리 속에서 교회의 외적인 형태인 웅장한 건축물과 시설의 확장에 재정을 낭비하고 사회봉사에 소홀히 하고 있다는 일부의 시각에서 벗어나기 위해서 모든 교회가 지역사회 노인복지활동을 위한 독립된 시설자원을 활용할 수 있도록 개방하면 그것으로서도 큰 의미가 있을 것이다.

물론 독자적으로 양로원시설, 문화공간시설, 병원시설 등을 가지고 사회에 기여하는 교회들도 있겠으나, 독립적인 시설을 갖추기 어려운 교회에서는 프로그램 중심으로 교회건물을 활용할 수 있도록 소규모의 세미나 공간, 소규모 노인대학 운영, 무료급식 등 다양한 일들을 수행함으로써 지역사회 노인복지를 실천하는 것이기 때문이다.

이유식 외(1999)의 연구에 따르면 교회들은 교회시설을 지역사회를 위해 별로 사용하지 않고 있음을 알게 된다. 즉 교회시설을 지역 사회 일들을 위해 "자주 활용 한다"는 응답은 5.6%에 불과했고, "어느 정도 활용한다"는 응답도 21.3%에 머물고 있다. 그러나 교회 시설이 지역사회를 위해 활용되지 않는 비율은 73.1%("별로" 41.4%, "거의 혹은 전혀"31.7%)에 이르고 있다. 따라서 교회들이 지역사회를 위해 교회시설을 개방하고 활용하려는 적극적인 노력이 필요하다고 본다. 왜냐하면, 교회의 여러 시설의 개방은 지역사회의 좋은 인상을 심어주고 선교에도 도움이 되기 때문이다. 교회가 이러한 사회복지 시설자원을 교회 내부의 예배, 교육, 친교, 회의 등의 사용

외에도 지역사회의 주민들을 위한 '생활공간'이나 편의시설로 복지시설을 활용할 수 있도록 개방하여 그리스도의 이름으로 함께 나누어 쓰는 청지기 역할을 감당해야 한다는 것이다. 교회의 사회복지 시설자원은 선교와 함께 지역사회의 복지시설로 사용될 수 있다. 교회에서 활용하지 않는 시간이나 나머지 시간에 지역사회의 사회복지를 위한 공공시설로 개방되는 것이 바람직한데, 교회가 보유하고 있는 시설을 사회복지 자원으로 활용할 수 있는 방안으로는 다음과 같은 것들을 생각해 볼 수 있을 것이다.

첫째로, 교회는 사회에서 소외되고 억눌린 자들이 언제라도 의지할 수 있는 도피처 내지는 구원의 장소가 되어야 할 것이다.

둘째로, 교회를 개교회 혹은 지역 단위의 연합으로 지역사회에 개방하여 청소년, 노인, 아동, 주부 등을 대상으로 한 사회교육의 장으로 개설하여 지역사회복지사업을 실시하도록 한다.

셋째로, 교회의 전문 인력과 시설을 동원하여 교회의 본연의 업무나 기능에 큰 지장이 초래되지 않는 한도 내에서 유치원, 탁아소, 사회관, 야간학교, 각종 클럽의 활동장소로 활용하게 한다.

이렇게 될 경우 교회의 시설들이 지역 사회복지의 증진을 위한 물적 기반으로 기능함으로써 국가의 사회복지 예산을 사회복지의 질적 향상에 보다 효율적으로 전용케 하는 부수적 효과를 가져 올 것이다.

4) 교회의 교육자원

교육자원이란 지역사회 노인복지 사업을 효과적으로 실시하기 위한 교육 프로그램이나 자원을 말한다.

교회의 교육·지원 프로그램의 구성은 지역사회 노인복지실천을 보다 과학적이고 효율적으로 추진할 수 있게 하며, 각종 자원의 질서 있는 동원과 배분 그리고 활용의 측면에서 중요한 의의를 갖는다.

그러나 대부분의 교회들이 전문적이고 지속적인 프로그램보다는 일시적이고 형식적인 성격의 프로그램들을 실시하고 있고, 지역사회복지를 위한 프로그램 개발·활용보다는 전도와 선교의 효과와 수익성을 고려한 프로그램들을 실시하고 있는 실정이다.

한국교회의 대부분 주요한 프로그램 대상범주는 아동, 청소년, 노인, 장애인 및 지역사회주민으로 나누어지는데, 각 대상에 따른 프로그램의 유형별 내용을 살펴보면 다음과 같다.

첫째, 아동을 위한 프로그램은 주로 어린이집 및 선교원, 아동보호시설 방문 및 지원, 유아원, 유치원 운영, 탁아사업, 놀이터 및 놀이방, 아동보호시설운영, 아동양육을 위한 강좌개설, 입양 및 위탁부모 결연사업 등으로 나누어진다.

둘째, 청소년을 위한 프로그램은 주로 장학사업, 소년소녀가장 지원 사업, 청소년 상담, 독서실 운영, 청소년 선도, 불우청소년 캠프, 취업알선, 청소년 성교육, 직업훈련, 학교폭력

예방활동, 야학운영, 기숙사 운영 등으로 나누어진다.

셋째, 노인을 위한 프로그램은 주로 양로원 방문 및 지원, 노력봉사, 불우노인을 위한 식사제공, 노인대학, 노인문제 상담, 경로당 운영, 노인취업 및 부업알선, 임종 노인봉사 등으로 나누어진다.

넷째, 장애인을 위한 주요 프로그램은 주로 시설방문 및 지원 사업, 노력봉사, 차량지원, 장애인 가정상담, 취업알선 및 훈련, 수술비 지원, 장애인 복지 캠페인, 사회재활 적응훈련, 수용보호 시설운영, 점자 테이프 보급지원 등으로 나누어진다.

다섯째, 지역사회주민을 위한 프로그램은 교회 시설개방, 소년소녀가장지원, 수재민 이재민 지원, 가정문제 상담, 농산물 공동수매 및 직판, 노동 상담, 무의촌 봉사 및 법률 상담, 무의탁자 및 실업자를 위한 무료식사제공, 신용협동조합, 진료활동, 취업알선 및 훈련, 환경교육, 등・하교길 교통정리, 미혼모 시설운영, 학교폭력 및 약물남용 예방활동 등으로 나누어진다.

이 외에도 여러 프로그램들이 있지만 위에서 언급한 것이 대부분 한국교회가 실시하고 프로그램의 유형이라고 말할 수 있다.

결국 한국교회는 지역에 따라 자원유형이 다르긴 하나 그 자원 면에서 볼 때, 조직적으로나 기능적으로 가장 잘 갖추어진 조직체계를 이루고 있다고 볼 수 있다.

이러한 교회의 교육자원은 지역사회 노인복지실천을 체계적이고 효율적이면서도 효과적으로 진행하기 위해 봉사인력이나 물질, 재원 교육 등을 취급할 수 있는 치밀한 교회의 조직체를 의미하는 것으로 전담부서나 전담 프로그램을 말한다. 대부분의 기성교회들은 이미 80%정도가 교육전담 조직체를 형성하여 이를 전담하고 실행하고 있는데 사회봉사부, 구제 및 선교부, 사회부, 선교위원회 등의 조직체를 가지고 사회복지활동을 적극 추진하기 위한 조직자원을 가지고 있다(이유식, 김요한, 1999). 그러나 문제는 이러한 조직부서의 담당자들이 사회나 교회의 재정적 측면에 비례하여 목회자의 의식이나 영향력 행사에 매우 상관관계를 가지고 있다는 점이다. 즉, 노회나 총회의 사회복지활동과 연계도 매우 약하다. 특히, 개교회 사회부가 노회의 사회부 프로그램에 참석한 적이 있는 경우에 대한 질문에서 23.2%만이 인정하고 있는 실정에 그치고 있다고 밝힌 점에서도 입증될 수 있다.

기독교가 지역사회 노인복지실천에 적극 참여토록 하기 위해 많은 노력을 하면서도 가톨릭보다 사회참여에 대한 비판을 많이 받는 이유 중 하나는 가톨릭은 사회복지활동을 상당히 조직적으로 하는 결과 자원의 집중이 이루어지고 그 결과 몇 개의 규모가 큰 사회복지기관이 이목을 집중시키기 때문이나 개신교는 개교회에서 분산적으로 하기 때문에 큰 기관의 설립도 어렵고 홍보효과를 충분히 거두지 못하고 있기 때문이다.

따라서 교회 사회복지 및 사회봉사의 전문성을 높이고 교회 사회복지 활동을 홍보하기 위해서는 개교회의 지역사회 노인복지실천과 같이 연대하여 펼칠 수 있는 조직적인 노력이 요구되기 때문이다.

문화관광부 통계에 의하면 한국의 개신교회의 교인 수는 2001년 현재 약 1,300만 명으로 집계되고 있는데 이 자원은 복지자원으로 활용 가능한 자원이라 할 수 있다. 이를 통하여 파악될 수 있는 것이 개신교의 인적자원을 많이 보유하고 있음이다. 그러나 양적인 숫자가 교회자원이 아니라, 그 개인의 마음속에 이웃에 대하여 봉사하고자 하는 단호한 결단과 그 내부에 강력한 동기를 갖고 있는 사람이라야 생명력 있는 자원이 될 수 있다. 또한 "사회봉사 총람"조사에서는 "한 달에 1회 이상 정기적으로 교회 외부의 사회 봉사시설, 기관, 프로그램에 자원봉사하고 있다"는 응답 비율이 35.8%에 불과한 것으로 나타나고 있다. 응답자의 40.1%가 "사회봉사와 관련된 교육훈련을 받은 적이 없다"고 했다.

이러한 많은 인력이 적극적으로 사회봉사에 활용되고 있지 못할 뿐만 아니라 전문적인 지식을 가진 사람들이 교회의 사회복지활동에 활용되지 못하는 것으로 나타나고 있다. 더욱이 뜨거운 봉사에의 열정에도 불구하고 지식이 없고 교육훈련을 받지 못한 비전문가는 많은 문제를 일으킬 가능성이 높기에 전문적인 차원의 사회복지실천에 대한 교육과 훈련이 시급히 요청된다. "한국교회 사회봉사사업 조사연구"에 따르면 응답자의 93%가 "사회봉사 교육전담 직원이 교회에 없다"고 답해 전문가에 의한 사회복지가 대부분의 교회에서 이루어지지 않고 있음을 보여준다. 또한, 한국 교회에서는 사회복지사가 별도로는 거의 없으며, 기독교 사회복지 전담요원이나 복지사업관련 전문 교역자 등 그 양성이 미흡하거나 초기

단계에 있다(한국자원봉사능력개발연구회, 1990).

전문 종사자는 별도로 자격이나 선정제도가 없지만 교회의 사회복지부문에 종사하는 종사자나 교회교인(교직자, 성도) 모두가 일반적으로 의식이나 교육 수준이 복지사업 초기(선교 초기)와는 달리 높아지고 있으며 다양한 분야의 인적자원이 될 수 있다. 실제로 현재는 목회자 중심이나 일부 사회 부문의 성도로 구성된 봉사활동이 구별 없이 같이 이루어지는 경향이 두드러지기 때문이다. 그 예로 유장춘(2000)의 연구에 의하면 사회복지 관련 학과의 교수가 60% 이상, 사회복지 시설이나 기관 단체 종사자의 63.9%가 기독교인으로 보고 된 것을 알고 있다. 또 사회복지와 관련된 의료, 교육, 법률, 청소년 지도, 상담 등의 전문요원들의 교인들이 있다. 이들을 소정의 자원봉사 교육을 통해 자원봉사자로 양성 그 인력을 활용할 수 있다. 실제로 교회의 봉사는 교회 내의 일반 예배를 위한 봉사가 중심으로 이루어지고 있다. 음악(성가, 연주), 교사, 식사, 예배의식 준비(헌화, 장식), 새 신자 안내, 애사, 경사, 심방, 위문, 차량운행, 전도(선교), 봉사, 교회교육과 일반교육(영어성경, 예체능 등), 불우교우나 이웃돕기 등의 봉사를 위주로 한다.

교회 내 봉사와는 달리 교회사회복지사업 서비스는 대부분이 전문적이고 지속적인 프로그램보다는 어느 정도의 기간사업이나 일시적이고 구호적인 성격의 사회봉사 프로그램들을 실시하고 있으며, 순수한 사회봉사 보다는 효과와 수익성을 고려한 프로그램들을 실시하고 있다. 교회사회복지가 봉사의 복음적 차원에서 사회복지에 참여를 한다면 아마도 사회복지의 안전망으로서의 봉사제도, 시설, 프로그램, 재원 교육자원들이 보다 효과적인 가용자원으로 활용될 수 있을 것이다.

5. 선행연구 고찰

교회자원의 지역사회복지에의 참여에 대한 기존 연구를 보면 대다수 재정과 시설관련 연구가 주류를 이루고 참여결정요인・수준에 대한 연구는 제한적인데 이를 본 연구와 관련 있는 실증연구를 바탕으로 종합해보면 다음과 같다.

성규탁 등(1991)은 교회 부서간의 우호적인 태도나 협력적인 분위기가 형성될수록 지역사회 봉사활동참여가 활발하고 이의 중요성을 설명하였다. 교인 수에 있어서 교회출석 성인수가 100명 이하인 소규모 교회가 33.1%, 101명에서 500명 이하인 교회가 45.9%로 보고 되었다. 교회의 위치에 대한 항목에서는 대도시에 위치한 교회가 46.2% 중소도시 23% 농어촌 21.1% 그리고 도시변두리가 10.5%로 나타났다. 그러나 교세를 반영하는 소재 지역, 총예산, 교인수, 그리고 교인의 생활수준은 사회봉사비 비율과 관련이 없는 것으로 나타났으나 교회의 존속기간이 짧을수록 교회의 사회봉사비 비율이 높은 것으로 나타났다고 하였다.

헌금과 총예산에 대한 조사연구에서 노치준(1995: 33)은 교회 안에서 사용되는 비용(교역자 급여 32.2%, 교육비 7.9%, 예배비 5.3%, 관리비 16.2%, 운영비 10.4%, 건축비 10.3%)이 전체의 82.4%이며 교회 밖으로 사용되는 비용은 전체의 9.3%에 불과하다고 하였다. 이와 같은 양상은 한국교회가 조직 내의 물질적 자원을 개별 교회의 유지와 확장을 위해 주로 사용함으로써 개교회주의적 성격을 나타내는 것이라고 평가 주장하였다.

그리고 신학적 특징과 사회 참여적 태도에 관한 연구에서 최무열(1995: 394)은 통합, 합동, 기장, 고신 등 4개 주류 장로교단의 사회적 참여태도를 조사하는 중에 한국교회의 전도의 한계를 극복하기 위하여 사회봉사 활동과 봉사를 통한 장기적 전도를 선택하는 비율이 기장의 경우 70.7%, 통합이 61.3%, 합동이 30.4%, 고신이 24.0%로 나타났다고 보고하였다.

김미숙 등(1999: 72-73)의 연구에서는 8.1%의 교회가 사회복지를 담당하고 있는 전문가가 있다고 응답된 것으로 나타났다. 그러나 동일한 조사에서 교회의 지역사회복지활동의 주 담당자가 복지전문가라는 응답은 2.8%에 불과하였으므로 후자의 수치가 더 현실적인 교회의 복지전문가 활용실태를 나타내는 것이라고 분석하는 것이 옳다고 하였다. 그리고 전체 응답교회의 23% 이하만이 복지시설을 운영하고, 응답교회의 81.7%가 지역사회복지활동을 하기에는 교회시설이 부족하다고 응답하였고, 충분하다는 교회는 7.6%에 불과하여 사회복지활동을 위한 교회시설의 공간부족은 교회 사회복지 활동의 중요한 문제로서 의식되었다.

이유식, 김요한(1999)은 시설자원으로 지역사회봉사의 시설과 공간은 사회복지 차원에서 중요한 의미를 갖는다. 전국의 교회 중 대부분이 일정한 교회 시설공간을 갖고, 대개의 교회들은 예배당, 사무실, 교육관, 식당, 주차장, 놀이시설 등을 보유하고 있으며, 부속기관으로 선교센터, 유치원(또는 어린이집, 선교원, 유아원), 사회 교육관을 운영하는 교회도 상당수 있다고 하였다.

한편 교회자원의 지역사회 노인복지참여 영향 요인관련 연구에서 박종삼(1992: 184)은 교회의 지역사회복지참여 영향 요인을 교회가 갖고 있는 자원으로 생명자원이라고 이름 짓고 그 생명자원의 구체적이고 가시적인 지역사회복지자원으로서 ① 인적자원, ② 시설자원, ③ 재정자원, ④ 물질자원, ⑤ 조직자원으로 분류하여 제시하였다.

김성철(1998)은 교회자원을 활용한 지역사회복지참여에 대해 순수한 사회봉사 보다는 전도의 효과와 수익성을 고려한 프로그램들을 고려해 참여하고 있음을 지적하고 교회의 지역사회복지사업이나 봉사가 복음적 차원에서 사회복지에 참여를 한다면 아마도 지역사회복지의 안전망으로서의 ① 봉사제도 ② 시설 ③ 프로그램 ④ 재원 등을 지역사회봉사의 내용으로 삼아야 할 것이라고 하였다.

조휘일(1999)은 ① 개인특성요인 ② 태도 ③ 동기 ④ 조직적 특성요인으로 나누어 조사했다. 이 조사에서 개인특성요인은 봉사활동자의 개인별 인구학적 특성 및 개인적 배경변인, 성격속성, 가족 및 친족의식 자원봉사활동경험 유무로 나타내었다. 여기서 그는 태도 및 동기는 사회복지에 대한 이타적 태도와 이기적 태도 및 자원봉사활동의 동기 요인을 중시하였고, 조직적 특성요인은 활동분야와 지도감독의 유형 그리고 만족도라 하였다.

김숙경(2002)은 개인자원봉사자의 특성과 자원봉사기관의 특성요인으로 지속적인 자원봉사활동에 영향을 미치는 요인을 탐색하였다. 그의 연구에서 자원봉사자의 개인적 특성 요인은 가구소득, 직업, 성별 사회직 배경요인도 학력, 연령, 취업경력 인적자원요인 자원봉사활동 동기, 종교유형, 신앙수준, 동기 및 태도요인은 혼인상태, 가족 및 주변인의 인지도와 지지도 등으로 구성하였다. 그리고 자원봉사기관의 조직적 특성요인은 크게 물리적 환경 및 조직풍토요인, 자원봉사자 관리요인(교육훈련, 직무요인, 보상관리), 조직 내 관계망 요인(직원과의 관계, 대상자와의 관계, 동료 자원봉사자와의 관계)으로 구성하였다.

김만희(2004)는 보다 더 구체적으로 노인대상 자원봉사활동 참여요인으로 자원봉사 프로그램 기획 및 업무설계, 자원봉사자 모집, 자원봉사자 선발 및 업무배치, 자원봉사자 교육 및 훈련, 자원봉사 지도감독 및 평가, 자원봉사인정 및 보상을 자원봉사활동 지속성 요인이라 하였다.

이상에서 볼 때 지역사회 내 노인복지사업에서 교회구성원들의 참여인식과 참여수준이 교회의 성격, 정책, 교회의 재정, 교인수 규모 설립연도 등에 따라 달라짐을 알 수 있는데, 선행연구를 통하여 그 특징을 요약해 보면 다음 <표 5>와 같이 정리할 수 있다.

〈표 5〉 연구자별 특징 비교

구분	연구자	연구내용	특 징	본 연구에의 적용
참여수준(실태)	성규탁(1991)	교회규모별 지역사회복지참여실태분류	대·중·소규모에 따른 참여기준상이 주장, 대규모교회일수록 참여율 높음을 주장	대·중·소규모별 기준에 따라 차이가 있는지 분류시켜 반영
	노치준(1995)	교회크기에 따른 도시별 재정지출규모연구	초대규모 교회일수록 물질적 자원을 개별 교회유지와 확장을 위해 사용 주장	교회자원 원인을 반영하여 조사
	최무열(1995)	신학적 특징과 사회복지 참여적 태도조사	각 교단별 참여기준 제시하여 지역사회봉사를 전도에 대한 태도와 상충시켜 운영됨을 주장	교회자원의 참여도 반영
	이미숙(1999)	사회복지 전담유무확보 운영실태조사	교회의 복지 전문가 활용 실태의 문제와 공간부족의 문제제기	인적자원 원인을 반영하여 조사
	이유식 김요한(1999)	교회재정지출항목별 실태비교	지역사회봉사 7.9%로 타전도나 설교 건물건축 및 시설 확충 등 비례 매우 낮음을 주장	위의 각 교회별 규모에 따른 비율 고려재정 지출 우선항목반영 조사
영향요인	박종삼(1992)	교회자원별 참여요인	①인적자원 ②시설자원 ③재정자원 ④물질자원 ⑤조직자원	①인적+조직=인적자원으로 채택 ②시설 ③재정 ④물질자원을 교육자원으로 사용
	김성철(1998)	교회자원활용 사회봉사참여실태조사	순수한 사회봉사보다 전도효과와 수익성을 우선한 참여가 많음을 주장	각 교회규모별 지역사회복지참여 원인을 반영하여 조사
	조휘일(1999)	현대사회와 자원봉사	참여요인을 개인특성, 태도, 동기, 조직적 특성요인으로 적용	개인적 특성을 인구사회적 요인에 반영설계
	권순미(2001)	청소년자원봉사활동 지속성영향요인 탐색연구	관련요인개인특성, 가정요인, 학교요인, 자원봉사 만족요인 제시	참여만족정도를 반영하여 활동지속여부 반영 조사
	김숙경(2002)	사회복지자선봉사자의 지속성 활동영향요인	개인적 특성, 가구소득 등 인적자원과 활동동기, 종교유형, 신앙수준, 태도 요인, 조직적 특성 적용	개인과 조직 요인 중 부분 추출 반영
	김만희(2004)	노인평생교육자원활동지속성 요인 연구	노인봉사교육프로그램지원을 위한 참여자의 지속성 연구	노인프로그램 부분추출

이상의 연구를 바탕으로 본 연구에서는 위의 제 연구 중 박종삼(1992)이 분류한 복지참여 결정요인의 다섯 가지 유형 중에서 서로 성격이 비슷한 재정자원과 물질자원을 재정자원으로 인적자원과 조직자원을 인적자원으로 결합하여 교회의 지역사회복지 참여자원을 인적, 재정, 시설, 교육자원으로 4등분하여 반영하고 다음 장 설계조사를 통해 교회자원의 참여수준에 영향을 미치는 요인들을 밝히고자 한다.

Ⅲ 연구 방법

1. 분석모형

본 연구 분석을 위한 준거로서 먼저 교회의 사회복지 참여에 있어 문제시되는 과제로 크게 다음과 같은 참여관점에 따라서 고려될 수 있을 것이다.

먼저, 교회자원이라 하면 교회가 지역사회복지를 위해 동원할 수 있는 역량을 말한다. 여기에는 지역사회복지 활동을 제안하고 실천하고 평가하여 전파할 인적자원, 지역사회복지에 투입하고 사용되어야 할 물적 자원과 시설자원, 그리고 이런 인적 물적 자원들을 활용하여 지역사회복지사업을 효과적으로 수행하기 위한 원리와 전략 등을 포함하는 지식적 교육자원 등이 여기에 포함될 것이다(박종삼, 2002). 물론 이런 일을 시행하기 위한 전제조건으로 기존 자원에 대한 파악과 지역사회 조사가 어느 정도 과학적이고 체계적으로 이루어지고 있는지도 관심의 대상이 된다(장인협, 2001). 따라서 이러한 자원의 정도에 따라 참여수준이 달라지는 점에서 이를 반영하였다.

또한 교회는 동일한 교단일지라도 지역, 특성, 신도들의 소득수준, 재정상태 등에 따라 규모가 다르다. 이러한 규모의 차이는 지역복지사업에도 이어져 규모에 따른 한정적 자원범위 내에서 참여할 수밖에 없다. 즉 초기교회와 같은 목회사업을 하더라도 재정이나 시설, 신도인원 등에 따라 참여요인이 동일 할 수 없을 것이다. 따라서 이를 규모에 따른 적정 요인이 고려될 수 있을 것이므로 이를 대 · 중 · 소로 나누어 규모에 따른 차이를 모색해 보고자 한다.

이상의 기준을 바탕으로 본 연구에서는 실증적 조사 분석을 효과적으로 수행하기 위한 분석의 틀로 자원활용 이론(박종삼, 2002)을 적용하여 실증조사를 하고자 한다. 물론 실제적인 면에서 이 자원이 명확하게 구분하기 어려운 점들이 있기는 하지만 기존 교회를 대상으로 조사 분석함으로써 보다 효과적인 접근이 될 수 있을 것이다.

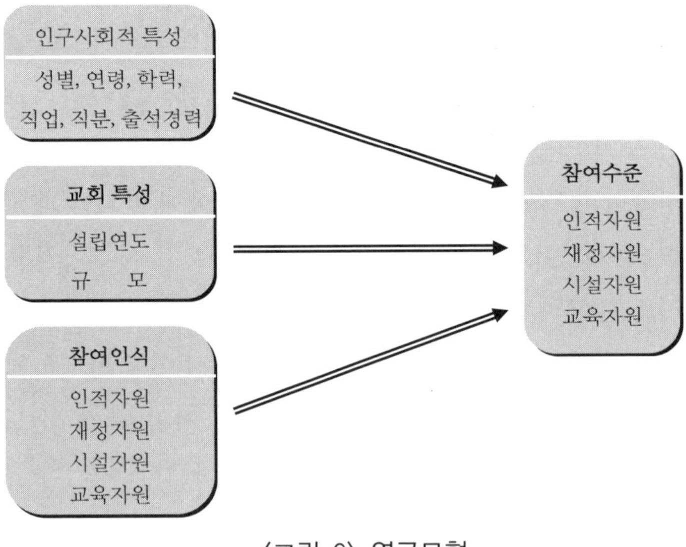

〈그림 6〉 연구모형

2. 연구대상 및 표본의 설계

1) 연구대상

본 연구의 대상은 분석결과의 일반화 가능성과 동질성을 제고시키기 위하여 대구 시내 소재한 교회 중 규모에 따라 대·중·소로 나누어 균등 분할하여 각 교회에 속한 교인들을 대상으로 범주화하였다.

본 연구대상이 거주하는 대구시 소재 교회를 대상으로 한 선정 배경은 다음과 같다.

먼저 선교의 일환으로 행해지는 각 교회의 사회복지는 일반 사회복지와 이념적 근거가 다르다. 그리고 양자 모두 인간의 물리적, 사회적, 정신적 욕구를 충족시킴으로써 전인적인 인격 완성을 목표로 하고 있다. 그러나 일반 사회복지는 인본주의에 그 근거를 두고 있는 반면, 교회에서 사회복지는 종교에 대한 믿음과 그 가르침을 실천하는데 복지 등의 봉사에 우선을 두고 있기 때문에 이에 따른 목적이 일치하고 단 규모에 따른 재정이 다른 점에서 이를 달리 비교 측정하기 위해 유형화한 것이다. 그러므로 교회의 사회복지는 하나의 구원 행위로써 인간의 정신과 육체를 전체적으로 구원하는 사업으로 일반 사회복지 기관들의 사회복지에 비해 다소 프로그램이나 참여자가 많고 또한 협력자, 보완자, 비판자의 역할을 수행해야 한다는 특징을 갖는다는 점에서 동질성을 갖는 교회로 한정하였다.

예컨대, 사전조사 단계인 Pre-test 단계에서 측정대상 집단에 대해 최소한 3개 대상 규모별로 세분화시켜 적용하였다.

즉, 교회가 할 수 있는 지역사회복지활동은 국가의 복지활동과 비교하여 그 규모가 작고 범위가 좁은 것은 사실이지만 여러 가지 자원 활용이 다른 점에서 규모에 따라 차별적인 프로그램을 만들 수 있다. 다양한 프로그램의 실시는 현장과 상황에 따라 달라질 수밖에 없다. 따라서 본 연구에서는 지역과 규모에 따른 기준 설정으로 표본화하여 조사하고자 한다.

(1) 지역에 따른 구분

교회의 사회봉사는 기본적으로 지역복지의 성격을 띤다고 할 수 있다. 따라서 교회가 처해 있는 지역에 관심을 기울이는 것은 제1차적인 과제라고 할 수 있다. 지역의 특성을 분류하는 방법은 여러 가지가 있지만 먼저 크게 농어촌지역, 도시지역, 특수지역으로 나눌 수 있을 것이다. 특수지역은 탄광촌, 공단, 관광지, 도심지, 군사지역 등 그 지역사회가 특수한 기능을 수행함에 따라 독특한 인구구조와 사회관계가 형성되는 지역을 말한다. 이러한 지역에서는 그 지역에 맞는 독특한 사회봉사 프로그램을 개발해야 할 것이며, 할 수 있는 한 특수지역 교회들의 전국적인 조직망을 만들어 자신들의 경험을 공유할 수 있도록 하는 것이 필요할 것이다. 그리고 농어촌지역에 소재한 교회와 도심 내 소재한 도시지역으로 대별되나 본 연구에서는 전국 7개 광역자치단체 중 본 연구자가 속해 있는 지역 내 교회의 도움이 가능하고 규모별로 표집이 가능한 광역시 중 대구시에 소재한 도시지역 교회로 범주화 하였다.

(2) 크기에 따른 구분

교회의 특성을 결정하는 중요한 변수 가운데 하나는 교회의 크기이다. 한국개신교회의 경우 교구제를 실시하지 않고 있으므로 개별 교회는 제한 없이 확장될 수 있다. 따라서 한국교회는 교회의 유지조차도 어려운 초소규모교회에서부터 신도 수에 있어서 세계 최대를 자랑하는 수십만의 신도를 가진 교회에 이르기까지 다양한 편차를 보이고 있다. 교회의 크기에 따라 동원할 수 있는 시설, 교육, 재정, 인력이 현저하게 차이날 수밖에 없기 때문에 교회의 사회봉사활동 역시 교회의 크기에 많은 영향을 받을 수밖에 없다. 따라서 교회의 크기에 따라 지역노인복지활동을 어떻게 실행할 수 있는가에 대해서 검토하도록 하겠다. 교회의 크기에 따른 분류는 연구목적에 따라 달라지겠지만 여기서는 소규모, 중규모, 대규모 3가지로 구분하도록 하였으며, 주일 오전 예배에 참석하는 성인 신도수를 분류의 기준으로 삼았다.

① 소규모교회

주일 오전 예배참석 성인 신도수가 500명 이하인 교회를 소규모교회라 할 수 있다. 소규모교회는 물적 자원을 목회자 사례비나 교회 운영 유지비에 주로 충당할 수밖에 없으며, 사회봉사를 위해 동원할 수 있는 인적자원도 매우 부족하다. 따라서 이러한 교회의 사회봉사활동은 협동적, 자원 봉사적, 목회자 주도적 모델이 적합하다고 하겠다. '협동적'이라 함은 교회가 자체적으로 사회봉사 프로그램을 만들어서 시행하기보다는 교회 밖의 복지시설이나 기관에서 실행하고 있는 활동을 협조하는 형태의 사회봉사를 말한다. '자원 봉사적'이라 함은 사회봉사활동이 교회의 시설이나 물적인 자원을 이용하는 것보다는 인적자원을 주로 이용하는 형태의 사회봉사를 말한다. '목회자 주도적'이라 함은 사회봉사활동의 지도력이 담임 목회자 자신의 직접적인 활동에 의해 이끌어지는 것을 말한다.

소규모교회의 경우 교회의 시설이나 물적인 자원을 이용한 사회봉사가 어렵기 때문에 목회자의 직접적인 관심과 노력이 사회봉사활동의 시행여부를 결정하는 가장 중요한 요인이 된다고 할 수 있다. 이 경우 목회자가 사회봉사활동에 어느 정도 비중을 두는가는 교회의 성격을 결정하는 중요한 지표가 된다고 하겠다.

이 모델은 대도시의 소규모교회를 위한 모델로서 교인수가 500명 미만이고 교회 재정이 1억 이상 3억원 미만인 교회를 소규모교회로 보고 그 교회에 맞는 지역사회 노인복지참여 모델을 제시하고자 한다.

② 중규모교회

주일 대예배에 참석하는 성인 신도수가 500명~1000명 이하의 교회를 중규모교회라 할 수 있다. 도시교회의 경우 연간 예산은 3억원 이상에서 5억원 정도 될 것이며, 교회의 재정적 자립에는 전혀 문제가 없는 교회들이며, 필요한 경우 어느 정도의 물적, 인적자원을 제공할 수 있는 교회라고 할 수 있겠다. 중규모교회의 지역사회 노인복지참여모델은 다른 사회복지시설과의 관계에 있어서는 협조적 활동과 독립적 활동이 '공존'하며, 교회 나름의 '독자적 프로그램'을 만들고, 사회봉사를 중요한 사역으로 하는 '부교역자'를 두는 형태라고 할 수 있다. 중규모교회의 경우 다른 사회복지시설을 돕는 보조적이고 자원봉사적인 활동도 계속할 필요가 있겠지만 교회의 특성에 맞는 독립적인 활동을 전개할 수 있을 것이다. 그러한 활동도 단순히 인력을 위주로 하는 자원 봉사적 성격이라기보다는 재정과 교회시설 그리고 인력이 결합된 프로그램을 만들어 시행할 수 있을 것이다. 교회재정에 여유가 있는 경우 소수이지만 구제 대상자를 선정하여 지속적인 지원을 할 수 있을 것이다. 또한 노인, 장애인 등 소외된 이웃을 대상으로 교회의 독자적인 프로그램을 만들어 시행할 수 있다.

중규모교회의 지역사회 노인복지참여가 활성화되기 위해서는 예산, 조직, 부교역자의 정확한 할당이 매우 중요하다. 교회예산의 5~0% 정도를 사회봉사예산으로 설정할 경우 1,000만원 이상의 예산을 확보하는 것은 어려운 일이 아니며, 신도수가 500명 이상이 되는 교회는 3,000~4,000만원의 예산을 세우는 것도 얼마든지 가능하다. 이 모델은 대도시의 중규모교회를 위한 모델로서 교인수가 500명 이상 1,000명 미만이고, 교회 재정이 3억 이상 10억원 미만인 교회를 중규모교회로 보고 그 교회에 맞는 지역사회 노인복지참여 모델을 제시하고자 한다.

③ 대규모교회

대규모교회는 주일예배에 참석하는 성인 신도수 1,000명 이상인 경우라고 할 수 있는데 이 단계에 이르면 담임목사가 신도들 모두를 직접적으로 상대하는 것이 불가능해지고 형식화된 조직이 나타난다고 할 수 있다. 연간 예산이 5억 이상이 되고 부목사, 전임전도사, 사무관리 직원 등 담임목사를 돕는 전임직원이 최소한 5명 이상은 된다고 할 수 있다. 사회봉사를 위하여 3, 4천만 원의 연간 예산을 확보하는 것은 어렵지 않은 일이며, 초대규모 교회의 경우 수억 원 이상의 예산을 세울 수 있다. 대규모교회는 '독립적'이고 '전문적'이며 '지원센터'로서의 역할을 하는 사회봉사모델을 만들어 나갈 수 있을 것이다. 대규모교회의 경우 예산, 인적자원, 시설 등을 이용하여 일반 복지기관에 의존하지 않는 독립적인 사회봉사활동을 전개할 수 있으며, 이것이 제대로 이루어지기 위해서는 전문 사회복지사를 고용하거나 사회복지사 자격증을 가진 목회자를 활용하는 방안이 모색될 수 있다.

이 모델은 대도시의 대규모교회를 위한 모델로서 교인수가 1,000명 이상 3,000명 미만이고, 교회 재정이 10억 이상 30억원 미만인 교회를 대규모교회로 보고 그 교회에 맞는 지역노인 복지 참여모델을 제시하고자 한다.

〈표 6〉 조사대상

소 재	기관별	대 상	인 원
대구 지역 소재 교회	대규모 교회 (1000명 이상)	80 × 2개소	160명
	중규모 교회 (500-1000명)	80 × 2개소	160명
	소규모 교회 (500명 미만)	80 × 2개소	160명
계		6개 교회	480명

2) 표본의 설계 및 자료수집

모집단이란 연구의 대상이 되는 집단으로서 연구자가 직접적인 방법이나 통계 추정에 의하여 정보를 얻으려는 대상 집단을 의미한다. 모집단을 정확히 규명하기 위해서는 연구의 대상, 표본단위, 범위, 시간과 같은 요소들을 다음과 같이 명확히 확정하였다.

첫째, 조사대상의 선정은 대구에 소재한 교회로서 대규모, 중규모, 소규모 교회 소속 교인을 대상으로 하였다. 그 이유는 이들 삼자의 위치와 입장에 따라 노인복지제도를 보는 시점이

다른 점에서 이를 복수의 유형을 한눈에 나타내어 비교하고 그 문제점 및 개선안을 규명하는데 효과적이라고 판단하였기 때문이다.

둘째, 조사대상을 세 집단으로 세분화시켜 이들의 경험을 바탕으로 한 기존 제도의 문제가 무엇인지 경험에 따른 차이를 비교할 수 있다고 판단했기 때문이다.

셋째, 설문 조사기간은 2005년 9월 21일부터 9월 30일까지 10일간에 걸쳐 실시하였다. 설문조사는 연구자가 해당 교회를 직접 방문하여 도움 목회자와 신도들에게 본 설문 목적과 취지를 충분히 설명한 후 일괄 배포한 후 수거하였다.

넷째, 표본의 크기 및 설문지 회수는 배포될 설문지 480부를 회수 후 이중에서 응답을 하지 않은 20부와 부실한 것과 응답의 신뢰도가 떨어진다고 판단되는 설문 12부를 제외하여 최종 448부의 유효 표본을 확정하여 실증분석에 사용하였다.

〈표 7〉 표본개요

연구대상	대구시 소재 교회
표본단위	규모에 따른 균등분배 총 480명
조사범위	대규모 교회 160명, 중규모 교회 160명, 소규모 교회 160명
조사기간	2005년 9월 21일 ~ 9월 30일
표본추출방법	임의표본 추출법
자료수집	조사대상 교회를 직접 방문하여 개별배포 및 현장에서 바로 회수

3. 조사도구 및 분석방법

1) 조사도구

본 척도의 구성은 교회자원 활용에 대하여 지역사회 내 노인복지사업에서 교회자원에 영향을 미치는 교회의 지역사회 내 노인복지 참여실태와 인구사회적 특성, 교회 특성 및 참여인식에 따라 교회구성원들의 참여수준의 차이, 그리고 참여수준에 미치는 영향을 도출하기 위하여 기존 선행연구를 바탕으로 두 가지 측정도구로 구성하였다. 교회자원은 박종삼(2000)의 속성요인을 적용하여 인적, 재정, 시설, 교육을 바탕으로 하여 구성하고 구체적인 영역은, 교회자원은 교회가 보유한 박종삼(2000)의 인적자원과 노치준(1995)의 재정자원 유장춘(2000)의 시설자원, 곽효문(2000)의 교육자원을 참여인식과 수준으로 40개 문항과 사회복지실태와 문제점은 김기원(2002), 박종삼(2000)의 참여형태모형을 바탕으로 명목척도를 중심으로 구성하였는데 측정변인에 대한 속성과 조작적 정의를 축약해 보면 다음과 같다.

(1) 참여인식(독립변수)

본 조사도구는 교회나 목회자가 지역사회 노인복지활동에 교회 자원을 동원하고 참여하는 것에 대한 교회 구성원들의 인식을 묻는 질문들로 구성되어 있다. 따라서 본 연구에서는 이러한 교회나 목회자의 사회복지에 관한 실제적 활동의 실천 여부를 측정함으로써 반영하였다.

① 인적자원 : 교회구성 요인 중 신도에 의해 구성되는 자원으로 이들 신도는 각 분야별 봉사자원으로서 전문성을 가지고 있다. 따라서 이들 인적자원이 지역노인복지와 관련된 봉사활동에 참여함으로써 인력자원에 의한 목회자와 일반교인으로 나누어지나 본 연구에서는 일반교인을 주 대상으로 하고 이들의 참여에 따른 지역노인에의 취업, 부업알선, 노력봉사, 노인문제상담, 간병도우미, 임종 노인 호스피스 봉사 등에 사용되어지는 자원으로 정의하고 13번부터 17번까지 5문항을 반영하였다.

② 재정자원 : 교회구성원인 신도들의 성금에 의해 모아진 재정 중 일부자금이 지역노인을 위해 사용되어질 수 있는 경제적, 물질적 자원으로 본 연구에서는 지역 양로원 방문 및 지원사업, 저소득노인 경제지원, 지역 저소득노인 무료급식, 지역저소득노인 경로잔치, 지역저소득노인 초청, 생신축하 등에 투입된 자원으로 정의하고 18번부터 22번까지 5문항을 반영하였다.

③ 시설자원 : 교회내부시설을 이용하여 지역노인들에게 직·간접 또는 위탁 등을 통해 교회시설이 활용되어지는 자원을 의미한다. 따라서 본 연구에서는 교회 내부시설 중 양로원 요양원 등 노인시설 운영, 경로당 운영, 노인주간보호운영, 노인교실을 위한 장소제공, 노인건강진단 등의 의료서비스 실시에 사용되어지는 자원으로 정의하고 23번부터 27번까지 5문항을 반영하였다.

④ **교육자원** : 교회인적, 물적 시설을 활용하여 직 · 간접적으로 교육과정을 개설하여 인력양성, 상담 등에 제공된 자원을 의미한다. 따라서 본 연구에서는 질병예방교육, 노인대학, 노인주일학교, 임종노인 호스피스, 노인문제상담 전문 인력 교육과정 개설 등에 사용되어지는 자원으로 정의하고 28번부터 32번까지 5문항을 반영하였다.

(2) 참여수준(종속변수)

본 조사도구는 교회구성원들이 지역사회 내 노인복지사업에 얼마나 참여하고 있는지를 묻는 질문들로 구성되어 있다. 교회구성원들의 참여수준 하위변인은 인적, 재정, 시설, 교육자원 참여수준이다. 설문문항은 33번부터 52번까지 총 20문항을 반영하였다.

아래의 측정변인과 속성별 내용을 바탕으로 조사방법은 측정에 있어서 설문지를 통한 조사를 기본으로 하고, 먼저 Pilot Survey를 통해 설문 문항의 개괄적으로 파악하면서 본 설문조사에서 핵심적으로 다루어야 할 사항의 오류를 조정토록 하였다. 설문 형식은 Likert의 5점 척도를 이용하여 작성하였다. 구성된 척도에 따라 이를 조작하여 설문을 구성하고 본 연구자가 Pilot Survey 후 본 조사를 실시하였다. 그리고 구성된 측정변수 및 척도 구성을 세분화시켜보면 다음과 같다.

〈표 8〉 조사도구 구성

변 인			하위변인별 내용	속성
독립변인	인구사회적 특성		- 성별 - 출석경력 - 연령 - 학력 - 직업 - 직분	교회자원의 규모를 재적 인원의 신도수와 복지전용예산 투입비율에 따라 독립변인에 따른 종속결과로 어느 정도 차이가 나는지 반영
	교회 특성		· 인원 -대규모 : 1000명 이상 -중규모 : 501-500명 이하 -소규모 : 500명 이하 · 복지예산(2004년) -3% -5% -7% -10% 이상	교회 소속된 노인복지참여 성원으로서 성별, 직분, 연령 등에 따라 인식, 참여 경험이 다르므로 이들 특성에 따라 종속된 결과가 다를 것으로 보고 조작화하여 반영
	참여인식		- 인적자원 - 재정자원 - 시설자원 - 교육자원	현재 교회에서 노인복지프로그램이나 지역노인복지 또는 지원활동에 참여하는 것에 대한 교회 구성원들의 인식
종속 변인	교회 자원	인적 자원	· 노인취업, 부업알선 · 노력봉사 · 노인문제상담 · 간병도우미 · 임종노인 호스피스봉사	교회구성원들이 노인복지사업에 참여하는 인적자원으로서의 참여 정도
		재정 자원	· 양로원 방문 지원 사업 · 지역영세노인 경제지원 · 지역영세노인 무료급식 · 지역영세노인 경로잔치 · 지역영세노인 생신축하	교회구성원들이 노인복지사업에 참여하는 재정자원으로서의 참여 정도
		시설 자원	· 양로원, 요양원 등 노인시설운영 · 경로당 운영 · 노인주간보호시설 운영 · 노인교실운영을 위한 장소제공 · 노인을 위한 건강진단 등 의료서비스 실시	교회구성원들이 노인복지사업에 교회시설이나, 기타 시설자원을 활용하여 참여하는 정도
		교육 자원	· 노인질병상담센터 운영 · 노인대학운영 · 노인주일학교운영 · 임종노인호스피스운영 · 노인문제상담전문인력교육과정개설	교회구성원들이 노인복지사업에 참여하는 교육자원으로서의 참여 정도
교회사회 복지실태	사회복지		-사회복사의 유무-사회복지사 채용 -사회봉사비의 적정예산 비율 -교회시설의 활용여부- -교회시설의 활용수준-지역사회개입 -프로그램의 유무-노인복지 프로그램 -한 해 실시한 프로그램 -교회개입의 견해 -지역사회개방	교회에서 사회복지의 의지와 교회에서 보유하고 있는 재정과 시설 및 자원 활용여부와 노인복지프로그램 실태에서 제공 되어지는 자원

〈표 9〉 설문지 구성 및 항목별 내용

항 목		문항번호	문항수	척도	출처
인구사회적 특성		57~61	5	명목척도	
교회 특성		53~56	4	명목척도	
참여인식	인적자원	13~17	5	등간척도	· 박종삼(2000) · 노치준(1995) · 유장춘(2000) · 곽효문(2000)
	재정자원	18~22	5	"	
	시설자원	23~27	5	"	
	교육자원	28~32	5	"	
참여수준	인적자원	33~37	5	"	
	재정자원	38~42	5	"	
	시설자원	43~48	5	"	
	교육자원	49~52	5	"	
교회의 사회복지실태		1~12	12	명목척도	· 김기원(2002) · 박종삼(2000)
소 계			61개		

2) 자료분석방법

자료분석방법으로 수집된 자료의 통계처리는 데이터 코딩(data coding)과 데이터 크리닝(data cleaning)과정을 거쳐, SPSS 통계 프로그램을 활용하여 분석하였다.

구체적으로 다음과 같은 분석을 실시하였다.

첫째, 우선 자료입력에 대한 정확성을 점검하기 위하여 빈도분석을 실시하여서 자료들의 형태를 알아보았다.

둘째, 교회의 지역사회 노인복지 참여실태 차이를 알아보기 위해 교차분석을 실시하였다.

셋째, 지역 노인복지에 대한 교회자원 참여인식과 참여수준에 대한 문항의 타당도 검증을 위해 요인분석을 실시하였고, 신뢰성 검증을 위해 Cronbach's α값을 확인하였다.

넷째, 인구사회적 특성 및 교회 특성, 교회자원 참여인식에 따른 교회구성원들의 참여수준 차이가 있는가를 살펴 보기 위해 t-test와 ANOVA를 실시하였다.

다섯째, 인구사회적 특성, 교회 특성, 그리고 교회자원에 대한 참여인식이 참여수준에 미치는 영향을 알아보기 위해 회귀분석을 실시하였다.

4. 조사도구의 타당도 및 신뢰도

1) 타당도

본 연구에서 사용된 문항의 타당성을 검증하고, 공통요인을 찾아내 변수로 활용하기 위해 요인분석을 실시하였다. 요인분석(Factor Analysis)은 일련의 관측된 변수에 근거하여 직접 관측되지 않은 요인을 확인하기 위한 것으로 수많은 변수들을 적은 수의 몇 가지 요인으로 묶어줌으로써 그 내용을 단순화하는 것이 목적이다. 그러한 각 문항을 몇 가지 소수의 요인으로 묶

어줌으로써 각 문항들이 동일한 개념을 측정하는지 곧 타당성이 있는지를 파악할 수 있다. 본 연구에서는 요인추출법으로 주성분법(Principle Components)을 실시하였으며, 지정한 고유치 이상의 값을 갖는 요인만을 추출하였다. 요인회전과 관련하여 베리멕스(Verimax)회전을 실시하였다. 베리멕스는 요인을 단순화하기 위한 방법으로 일반적으로 널리 사용되는 방법이다. 각 변수의 요인간의 상관관계의 정도를 나타내는 요인적재량

〈표 10〉 참여인식에 대한 타당성 검증

	구분	성분			
		1	2	3	4
인적자원	노인취업, 부업알선	.657			
	노인문제 상담	.773			
	임종노인 호스피스 봉사	.805			
	노력봉사(빨래, 청소)	.731			
	간병도우미 파견	.755			
재정자원	양로원 방문 및 지원 사업		.782		
	지역영세 노인 경제적 지원		.815		
	지역영세 노인 무료식사(급식) 제공		.724		
	지역영세 노인 경로잔치		.794		
	지역영세 노인초청, 생신축하		.775		
시설자원	양로원, 요양원 등 노인시설 운영			.808	
	경로당 운영			.826	
	노인주간 보호운영			.868	
	노인교실운영을 위한 장소 제공			.801	
	건강진단 등 의료서비스 실시			.724	
교육자원	노인들의 질병상담 봉사자를 위한 교육과정개설운영				.783
	노인대학운영				.711
	노인주일학교운영				.750
	임종노인을 위한 호스피스 교육과정 운영				.843
	노인문제 상담 전문 인력 양성과정 운영				.848
	고유값	8.834	1.980	1.281	1.033
	분산%	44.170	9.898	6.404	5.016

(factor loading)의 수용기준은 보통 ±.30 이상이면 유의하다고 보지만 보다 엄격한 기준은 ±.40 이상이다. 따라서 본 연구에서는 ±.40 이상을 기준으로 선택하였다. 각 요인이 전체 분산에 대해 설명할 수 있는 정도를 나타내 주는 고유값(eigen value)은 1 이상을 기준으로 하였다. 곧 본 연구의 요인분석은 고유치 1 이상, 요인적재량 ±.40 이상을 기준으로 하여 직각회전방법 중 베리멕스 회전을 사용하여 도출하였다.

<표 10>은 노인복지 참여인식에 대한 20개의 문항에 대하여 요인분석을 실시한 결과이다. 총 4개의 요인이 도출되었고, 각 요인을 구성하는 문항들의 중심개념을 바탕으로 요인명을 부여하였다. 이 4개의 요인 적재 값이 ±.4 이상으로 참여인식을 설명하는 요인으로 적합한 것으로 나타나 추출된 요인은 타당성이 확보된 것으로 분석되었다. 따라서 본 연구에서는 요인분석에서 추출된 4개의 요인은 타당한 것으로 볼 수 있다.

<표 11>은 참여수준에 대한 20개의 문항에 대하여 요인분석은 실시한 결과이다. 총 4개의 요인이 도출되었고, 각 요인을 구성하는 문항들의 중심개념을 바탕으로 요인명을 부여하였다. 이 4개의 요인 적재값이 ±.4 이상으로 참여를 설명하는 요인으로 적합한 것으로 나타나 추출된 요인은 타당성이 확보된 것으로 분석되었다. 따라서 본 연구에서는 요인분석에서 추출된 4개의 요인은 타당한 것으로 볼 수 있다.

〈표 11〉 참여수준에 대한 타당성 검증

	구분	성분 1	성분 2	성분 3	성분 4
인적자원	귀하는 교회에서 노인취업과 부업알선 등에의 참여수준은	.889			
	귀하는 교회에서 노인들을 대상으로 한 각종질환 등 심리 상담에의 참여수준은	.914			
	귀하는 교회에서 임종노인을 위한 호스피스 봉사요원운영 참여수준은	.896			
	귀하는 교회에서 빨래, 청소, 김장 등 지역의 어려운 노인에 제공 수준은	.552			
	귀하는 교회에서 간병도우미의 파견을 통해 질병치료봉사에 대한 참여수준은	.862			
재정자원	귀하는 교회에서 지역양로원, 노인정 등 방문지원에 대한 참여수준은		.826		
	귀하는 교회에서 지역영세노인을 위한 경제적 지원에의 참여수준은		.860		
	귀하는 교회에서 지역영세노인 무료급식운영이나 제공 및 참여수준은		.595		
	귀하는 교회에서 지역영세노인을 위한 경로잔치 제공에 대한 참여수준은		.813		
	귀하는 교회에서 지역영세노인 생신축하 등의 제공 및 참여수준은		.791		
시설자원	귀하는 교회의 양로원, 요양원 등 노인시설 운영에 참여수준은			.908	
	귀하는 교회의 경로당 직접운영이나 참여수준은			.925	
	귀하는 교회가 노인주간 보호시설운영이나 참여수준은			.909	
	귀하는 교회가 노인교실운영을 위한 장소 제공이나 직접운영에 대한 참여수준은			.877	
	귀하는 교회에서 노인건강진단 등의 의료서비스 봉사에의 참여수준은			.845	
교육자원	귀하는 교회에서 노인들의 질병상담봉사자 양성을 위한 교육과정개설운영이나 참여수준은				.909
	귀하는 교회에서 노인대학운영이나 참여수준은				.788
	귀하는 교회에서 노인주일학교운영을 통한 교육에의 참여수준은				.896
	귀하는 교회에서 임종노인을 위한 호스피스 양성교육에의 참여수준은				.933
	귀하는 교회에서 노인문제 상담 전문 인력 양성에의 참여수준은				.919
	고유값	11.489	3.129	2.290	1.069
	분산%	45.957	12.514	9.160	4.276

2) 신뢰도

본 연구에서 다문항 척도로 측정된 지역 노인복지에 대한 교회자원 참여 인식과 참여수준에 대한 문항이 동질적인 문항들로 구성되었는지 신뢰도를 검증하기 위해 문항간의 내적 일치도를 보는 Cronbach's α계수를 산출하였다. <표 12>에서 보는 바와 같이 지역 노인복지에 대한 교회자원 참여인식과 참여수준에 대한 문항의 신뢰도 계수는 모두 .60 이상으로 나타났다. 일반적으로 신뢰도의 척도인 Cronbach's α값은 정해진 기준이 없지만 .60 이상이면 신뢰도가 있다고 보며 .50 이상이면 분석하는 데 큰 문제가 없는 것으로 본다. 따라서 본 연구에서 사용한 지역 노인복지에 대한 교회자원 참여인식과 참여수준에 대한 문항들은 신뢰도가 평균 .9322로 나타나 전체 항목을 하나의 척도로 보고 종합적으로 분석하는 데 문제가 없는 것으로 해석되었다.

〈표 12〉 지역사회 내 노인복지에서 교회자원 참여인식 및 참여수준의 신뢰성 검증

	구 분	문항수	Cronbach's α
교회자원의 참여 인식 관련 문항	인적자원	5	.8035
	재정자원	5	.8410
	시설자원	5	.8588
	교육자원	5	.8393
	전 체	20	.9283
교회자원의 참여수준 관련 문항	인적자원	5	.8674
	재정자원	5	.8299
	시설자원	5	.9296
	교육자원	5	.9248
	전 체	20	.9533

Ⅳ 분 석 결 과

1. 조사대상자의 인구사회적 특성 및 교회 특성

〈표 13〉 조사대상자의 인구사회적 특성

	구 분	N	%
성별	남자	163	36.4
	여자	285	63.6
연령	20세 미만	19	4.2
	21~29세	115	25.7
	30~39세	103	23.0
	40~49세	109	24.3
	50세 이상	102	22.8
교육수준	중학교 졸업 이하	25	5.6
	고등학교 졸업	121	27.0
	전문대 졸업	60	13.4
	대학교 졸업	194	43.3
	대학원 졸업	48	10.7
직업	회사원	62	13.8
	전업주부	144	32.2
	자영업	49	10.9
	예술인	19	4.3
	공무원	36	8.0
	무직	37	8.3
	전문직	48	10.7
	교사	29	6.5
	기타	24	5.3
직분	일반성도	183	40.9
	집사, 권사	214	47.8
	전도사	18	4.0
	장로	10	2.2
	목사, 부목사	8	1.8
	기타	15	3.3
출석경력	1년 이하	34	7.6
	2년~5년	89	19.9
	6년~10년	103	23.0
	11년~20년	117	26.1
	21년 이상	105	23.4
	합계	448	100.0

<표 13>은 조사대상자의 인구사회적 특성을 도출하기 위하여 빈도분석을 시행한 결과이다. 분석결과 성별에 있어서 여자가 285명(63.6%), 남자가 163명(36.4%)으로 여자가 남자보다 많은 빈도수가 나타났으며, 연령별로 21~29세는 115명(25.7%), 40~49세 109명(24.3%), 30~39세 103명(23.0%), 50세 이상 102명(22.8%), 20세 미만 19명(4.2%)의 순으로 나타나 연령은 20대 이상 비슷하게 나온 것으로 비추어 보아 교회봉사활동에는 연령에 상관없이 고르게 분포되어 있다. 교육수준에서는 대학교 졸업이 192명(43.3%)으로 가장 높았으며 고등학교 졸업이 121명(27.0%), 전문대 졸업이 60명(13.4%), 대학원 졸업이 48명(10.7%), 중학교 졸업 이하 25명(5.6%)의 순으로 나타났다. 직업에서는 전업주부가 144명(32.2%)으로 가장 많은 빈도수를 나타났는데 이것은 전업주부가 가정일을 수행하면서 대부분 없는 시간을 내어 봉사를 하는 것으로 나타나고 있다. 회사원 62명(13.8%), 자영업 49명(10.9%), 전문직 48명(10.7%), 무직 37명(8.3%)의 순으로 나타났다. 직분에서는 집사, 권사는 214명(47.8%), 일반성도가 183명(40.9%), 전도사가 18명(4.0%), 기타 15명(3.3%), 장로 10명(2.2%), 목사 부목사 8명(1.8%)으로 나타났다. 이것은 일반성도와 집사, 권사들이 대부분 교회의 실질적으로 수행하는 부분들을 이끌어 나간다는 것을 알 수가 있다. 출석경력으로는 11년~20년이 117명(26.1%), 21년 이상이 105명(23.4%), 6년~10년이 103명(23.0%), 2년~5년이 89명(19.9%), 1년 이하가 34명(7.6%)으로 나타났다. 조사대상자중

출석경력이 11년~20년 이하가(26.1%) 21년 이상이(23.4%)로 대부분 교회에 오래 다닌 사람들의 응답률이 높고 이들의 신앙심은 결국 그 속에서 그리스도의 사랑이 투영되어 봉사를 위한 인적자원으로서 교회의 많은 유용한 자원이 되고 있음을 가르쳐 주고 있다.

〈표 14〉 조사대상교회의 교회 특성

	구 분	교회수	N	%
교회규모	대규모(1,000명 이상)	2	137	30.6
	중규모(500~1,000명)	2	156	34.8
	소규모(500명 이하)	2	155	34.6
설립연도	25년 이하	2	155	34.6
	26~30년 이하	2	156	34.8
	31년 이상	2	137	30.6
	합 계	6	448	100

<표 14>는 조사대상 교회의 교회 특성을 빈도 분석한 결과이다. 분석결과 교회규모에 대하여 대규모가 137명(30.6%), 중규모가 156명(34.8%), 소규모가 155명(34.8%)으로 나타났고 설립년도를 보면 25년 이하가 155명(34.6%), 26~30년 이하가 156명(34.8%), 31년 이상이 137명(30.6%)으로 나타났으며, 연구대상교회가 어느 정도의 역사를 가진 오래된 교회에서 지역사회 내에서 정착되어 있는 것으로 나타났고, 교회 규모별, 설립연도별 모두 대·중·소 각각 2개 교회씩 분류되었다.

2. 연구문제 분석

1) 교회의 지역사회 노인복지 참여실태

본 장에서는 <연구문제 1>에서 제시된 교회의 지역사회 내 노인복지 참여 실태를 파악하고자 한다.

(1) 교회의 지역사회복지 참여실태

〈표 15〉 사회봉사활동을 담당하는 사회복지사의 유무

		대규모	중규모	소규모	합계
		N(%)	N(%)	N(%)	N(%)
사회복 지사의 유무	있다	1(16.7)	0	0	1(16.7)
	없다	1(16.7)	2(33.3.)	2(33.3)	5(83.3)
	앞으로 채용할 계획이다	1(16.7)	1(16.7)	0	2(33.3)
	기타	0	1(16,7)	2(33.3)	3(50.0)
	x^2	73.530**			6(100.0)
사회복 지사 채용 필요성	매우 필요	69(43.9)	29(18.5)	59(37.6)	157(35.0)
	다소 필요	55(25.5)	94(43.5)	67(31.0)	216(48.2)
	별로 필요치 않다	9(15.0)	27(45.0)	24(40.0)	60(13.3)
	전혀 필요치 않다	2(40.0)	2(40.0)	1(20.0)	5(1.1)
	기타	2(20.0)	4(40.0)	4(40.0)	10(2.2)
	x^2	36.010**			448(100.0)

* : $p<.05$, ** : $p<.01$

<표 15>는 사회봉사활동을 담당하는 사회복지사의 유무를 분석한 결과이다. 결과를 보면 있다가 16.7%, 없다가 83.3%, 앞으로 채용할 계획이 있음이 33.3%, 기타가 50.0%를 나타냈으며 사회복지사를 채용한 교회는 단 한 곳뿐인 것으로 나타나 교회의 사회봉사가 비전문적으로 관리되고 있고 이로 인해 교회자원을 전문적으로 활용하기 위해서는 사회복지사의 채용이 꾸준히 이루어져서 보다 전문적이고 체계적으로 전환되어져야 할 것을 의미한다. 사회복지사가 있다가 16.7%인 것은 한국교회가 아직도 사회복지사를 별도로 두고 있지 않으며 기독교 사회복지 전담요원이나 복지사업 관련 전문 교육자 양성이 미흡하거나 초기단계에 있다는 것을 입증하여 주고 있고 무엇보다도 봉사보다는 다른 외형적인 교세확장에 더 많은 신경을 쓰고 있는 것이라 할 수 있다. 사회봉사사업을 위해 사회복지사를 채용할 필요성에 대해 분석한 결과이다 기타가 3개소인 것은 교회가 나아가야 할 방향에 대해서 심각하게 고려하고 있다고 할 수 있다. 사회복지사 채용 필요성의 결과를 보면 매우 필요함이 35.0%, 다소필요가 48.2%, 별로 필요하지 않음이 13.3%, 전혀 필요하지 않음이 1.1%, 기타가 2.2%를 차지해 위의 <표 15>에서 본 바와 같이 채용 계획이 33.3%, 기타가 50.0%로 사회복지사의 있다보다는 높아 대부분의 교회 성도들이 전문사회복지사의 필요성을 느끼고 있음을 알 수 있다. 그리고 사회복지사의 채용도 83.2%로 사회복지사가 필요하다는 것을 대다수가 인식하고 있어 교회의 구성원들이 전문사회복지사의 채용으로 교회구성

원들의 체계적인 교육과 전문화된 노인복지프로그램, 교회 내 사회복지 프로그램의 위탁, 조언을 통해 보다 체계적인 전문 노인복지 참여수준을 제고시킬 수 있을 것이라고 생각하고 있다. 유장춘[19]에 의하면 사회복지사와 관련된 의료, 교육, 법률, 청소년 지도, 상담 등의 전문적인 교인들이 있다고 하였는데 이들을 소정의 교육의 통하여 인력을 활용하는 방법을 찾아야 할 것이다.

〈표 16〉 교회의 사회봉사비 예산 비율

		대규모	중규모	소규모	합계
		N(%)	N(%)	N(%)	N(%)
사회봉사비의 예산 비율	5% 미만	8(16.0)	17(34.0)	25(50.0)	50(11.2)
	5~7%	7(15.6)	13(28.9)	25(55.6)	45(10.0)
	8~10%	37(30.3)	48(39.4)	37(30.3)	122(27.3)
	11~15%	35(40.2)	28(32.2)	24(27.6)	87(19.4)
	잘 모르겠다	50(34.7)	50(34.7)	44(30.6)	144(32.1)
	x^2	21.148**			448 (100.0)

** : p<.01

<표 16>은 교회의 사회봉사비의 예산 비율을 분석한 결과이다. 분석결과 교회의 전체 예산중 사회 봉사비의 예산을 생각하는 수준에 대한 조사에서 잘 모르겠다 144명(32.1%)으로 나타나 가장 많은 빈도수로 나타났고, 8~10%가 122명(27.3%),

19) 유장춘(2000), 전게서, p.96.

11~15%가 87명(19.4%), 5% 미만 50명(11.2%), 5~7%가 45명(10.0%)의 순으로 나타났으며 이것은 교회 재정에서 사회봉사비가 차지하는 비중이 매우 적다는 사실을 말해 주고 있다. 사회봉사비의 예산비율은 대체로 성도들 모두가 잘 모르는 것으로 나타났으며 이것은 아직도 교회에 대해 관심을 가지고 있지 않거나 교회가 아직도 폐쇄적인 운영을 하고 있음을 의미한다. 이러한 실태는 투명한 재정공개를 통해 비율을 공개할 경우, 사용목적과 이유, 원인을 설득력 있게 제시 할 수 있으면 교회구성원들의 호응도를 높여 사회봉사비의 재정자립도를 높일 수 있는 기회가 될 수 있음을 의미한다. 규모에 따라서 소규모는 적은 예산비율을, 대규모에서는 높은 예산 비율의 차이를 나타냈다. 박선하(1998: 50)는 사회봉사 예산으로 10~20%가 가장 적당하다고 나타났으나 본 연구에서는 8~10%로 나타나 연말연시 특별구호 헌금, 사회봉사주일 헌금을 통해 사회복지를 위한 특별헌금을 제도화 하고 있음에도 불구하고 현재의 각 교회의 복지자원으로서의 재정은 빈약한 수준임을 알 수 있다.

<표 17>은 사회복지활동을 위한 교회시설의 활용여부를 분석한 결과 교회시설에 대해서 활용하지 않는다가 242명(54.0%)으로 많은 빈도수로 나타났으며, 활용하고 있다가 138명(30.8%), 잘 모른다가 68명(15.2%)으로 나타났으며, 대규모 교회가 소규모 교회보다 높은 활용도를 나타냈다. 이것은 부대시설이 있는 경우에는 그 시설을 교육관, 수양관 등으로 사용하고 있어 한국교회가 예배, 교제, 교육, 전도, 봉사 중에서 봉사

에 비교적 관심이 적게 가지고 있음을 알 수 있다. 사회복지활동을 위한 교회시설의 활용수준에 대하여 총 448명 중 206명이 교회시설을 활용하는 것으로 나타났으며, 보통이 77명(17.2%), 적극적 개방이 43명(9.6%), 소극적 개방이 39명(8.7%), 매우 소극적 개방이 29명(6.6%), 매우 적극적인 개방이 18명(4.0%)로 나타났다. 교회 시설은 개방적이나, 시설활용은 미비한 것으로 나타났다. 김동배(1994)의 연구결과 교회가 1/4 정도는 전혀 개방하지 않고 개방을 하지만 충분히 활용하지 못하는 경우가 2/3 이상을 차지하는 것으로 조사된 것과 비슷한 결과가 나왔다.

〈표 17〉 교회시설의 활용여부 및 활용수준

		대규모	중규모	소규모	합계
		N(%)	N(%)	N(%)	N(%)
교회시설의 활용여부	활용하고 있다	63(45.6)	23(16.7)	52(37.7)	138(30.8)
	활용하지 않는다	56(23.1)	99(40.9)	87(36.0)	242(54.0)
	잘 모른다	18(25.7)	34(51.5)	16(22.8)	68(15.2)
	x^2	35.523**			448 (100.0)
교회시설의 활용수준	매우 적극적으로 개방된다	11(61.1)	4(22.2)	3(16.7)	18(4.0)
	적극적으로 개방된다	17(39.5)	5(11.6)	21(48.8)	43(9.6)
	보통이다	35(45.5)	18(23.4)	24(31.2)	77(17.2)
	소극적으로 개방된다	16(41.0)	10(25.6)	13(33.3)	39(8.7)
	매우 소극적으로 개방된다	11(37.9)	11(37.9)	7(24.1)	29(6.5)
	x^2	12.529*			448 (100.0)

* : p<.05 , ** : p<.01

<표 18>은 교회의 상설화된 사회복지 프로그램에 대하여 분석한 결과로서, 사회복지 프로그램의 유무에 대하여 프로그램이 없는 경우가 253명(56.5%), 사회복지 프로그램이 있는 경우가 195명(43.5%)으로 나타났으며, 현재 시행중인 사회복지 프로그램에 대하여 노인복지프로그램이 67명(34.3%)으로 가장 많은 빈도수가 나타났으며 이것은 우리나라의 고령화 사회에 따라 노인들의 인구 증가율이 높고 정부역할의 부족에 따라 교회가 봉사기관으로 가장 기대되기 때문임을 잘 인식하고 있는 결과라 할 수 있다. 아동복지 33명(16.9%), 부녀복지 6명(3.1%), 장애인 복지 28명(14.4%), 청소년복지 23명(11.8%), 무응답 38명(19.5%)의 순으로 나타나. 노인복지프로그램 중심으로 밀집되어 있는 것으로 나타났다. 그리고 프로그램이 있다고 답하면서 프로그램에 유형에 있어서 답을 하지 못하는 것은 프로그램이 있다는 것은 알지만 어떤 프로그램이 활용되는지 알지 못하는 것으로 보아 교회 내에서 자체 프로그램의 홍보가 부족하다는 것을 알 수 있다.

〈표 18〉 사회복지 프로그램 실태

		대규모	중규모	소규모	합계
		N(%)	N(%)	N(%)	N(%)
프로그램의 유무	있다	86(44.1)	52(26.7)	57(29.2)	195(43.5)
	없다	51(20.2)	104(41.1)	98(38.7)	253(56.5)
	x^2	33.125**			448 (100.0)
프로그램	아동복지 프로그램	21(63.6)	3(9.1)	9(27.3)	33(16.9)
	노인복지프로그램	21(31.3)	26(38.8)	20(29.9)	67(34.3)
	부녀복지 프로그램	2(33.3)	1(16.7)	3(50.0)	6(3.1)
	장애인복지 프로그램	3(10.7)	15(53.6)	10(35.7)	28(14.4)
	청소년복지 프로그램	10(38.5)	1(3.8)	12(57.7)	23(11.8)
	무응답	29(76.3)	6(15.8)	3(7.9)	38(19.5)
	x^2	20.055**			448 (100.0)

* : p<.05 , ** : p<.01

(2) 교회의 지역사회 내 노인복지 참여실태

<표 19>는 현재 교회에서 시행중인 노인복지프로그램 실태에 대하여 분석한 결과이다. 분석결과 경로잔치가 217명(26.3%)으로 가장 많은 빈도수가 나타났으며, 노인급식이 143명(17.5%), 불우노인 결연 95명(11.6%), 노인의료 및 건강사업이 81명(9.9%), 봉사활동 주선이 81명(9.9%), 타 노인복지시설 후원이 71명(8.7%), 노인대학운영이 51명(6.2%), 노인문제상담실운영이 14명(1.7%), 물리치료실, 노인정 운영, 부업지도 및 알선이 각각 8명(1.0%), 탁아소가 7명(0.9%), 기타 35명(4.3%)의 순으로 나타나, 일회성인 잔치나 급식에 많은 시간을 할애하

〈표 19〉 노인복지프로그램 실태

		대규모	중규모	소규모	합계
		N(%)	N(%)	N(%)	N(%)
프로그램	노인대학운영	14(27.5)	2(3.9)	35(68.6)	51(6.2)
	노인정운영	8(100.0)			8(1.0)
	노인문제상담실 운영	1(7.1)	6(42.9)	7(50.0)	14(1.7)
	부업지도 및 알선	1(12.5)		7(87.5)	8(1.0)
	불우노인 결연	26(27.4)	28(29.5)	41(43.2)	95(11.6)
	봉사활동 주선	18(22.2)	29(35.8)	34(42.0)	81(9.9)
	경로잔치	58(26.7)	75(34.6)	84(38.7)	217(26.3)
	노인의료 및 건강사업	45(55.6)	2(2.5)	34(42.0)	81(9.9)
	탁아소	3(42.9)	4(57.1)		7(0.9)
	물리치료실	7(87.5)		1(12.5)	8(1.0)
	노인급식	49(34.3)	63(44.1)	31(21.7)	143(17.5)
	타노인복지 시설후원	6(8.5)	11(15.5)	54(76.1)	71(8.7)
	기타	10(28.6)	8(22.9)	17(48.6)	35(4.3)
대상	본 소속 교인	9(27.3)	9(27.3)	15(45.5)	33(9.3)
	지역주민 중 교인	15(60.0)	5(20.0)	5(20.0)	25(7.0)
	지역주민이면 누구나	34(21.7)	61(38.9)	62(39.5)	157(44.2)
	지역주민 중 생활보호대상자	2(8.7)	10(43.5)	11(47.8)	23(6.5)
	노인이면 누구나	38(40.9)	27(29.0)	28(30.1)	93(26.2)
	기타	7(29.2)	7(29.2)	10(41.7)	24(6.8)
	x^2	27.992**			448 (100.0)

** : p<.01

고 투자하는 것으로 조사되었다. 따라서 실질적이고 지역·교회별 특성과 자원의 장·단점을 고려한 교회의 제 역할과 기능을 다하기 위해서는 이러한 프로그램 외에 더 다양한 프로그램이 개발되어야 함을 암시한다. 이것은 최성재의 연구결과와 동일하며 교회구성원들이 지역사회 노인복지사업에 참여하는 것이 급선무임을 알 수 있다.

현재 실시하는 노인복지프로그램을 이용하는 대상을 분석한 결과, 지역 주민 누구나 이용 가능한 경우가 157명(44.2%)으로 가장 많은 빈도수를 나타냈으며, 노인이면 지역이나 종교에 상관없이 이용 가능한 경우가 93명(26.2%), 본 소속 교인에 대하여만 가능한 경우가 33명(9.3%), 지역주민 중 교인에 한함이 25명(7.0%), 기타 24명(6.8%), 지역주민 중 생활보호대상자에 한함이 23명(5.1%)의 순으로 나타나 지역 단위의 복지 활동을 시행하고 있는 것으로 나타났다. 이것은 정무성(1999: 54)의 지역단위별로 사회복지서비스를 조정하고 통제할 수 있는 협의체의 구성이 시급하다는 연구결과와도 일치하는 점에서 시급히 보완해야 할 문제임을 암시한다.

〈표 20〉 2004년 한해 실시한 노인복지프로그램

	대규모	중규모	소규모	합계
	N(%)	N(%)	N(%)	N(%)
양로원 등 시설운영사업	5(71.4)		2(28.6)	7(1.0)
경로당 운영	9(60.0)	2(13.3)	4(26.7)	47(6.4)
양로원 방문 및 지원	27(22.3)	28(23.1)	66(54.5)	120(16.5)
노인대학	12(26.7)		33(73.3)	46(6.3)
노인취업 및 부업알선	2(7.1)	1(3.6)	25(89.3)	25(3.4)
노인문제 상담	6(31.6)	1(5.3)	12(63.2)	19(2.6)
불우노인을 위한 식사제공	56(23.7)	94(39.8)	86(36.4)	218(29.9)
임종노인봉사(호스피스)	4(66.7)		2(33.3)	8(1.1)
노력봉사(빨래, 청소 등)	49(24.0)	69(33.8)	86(42.2)	196(26.9)
기타	9(39.1)	5(21.7)	9(39.1)	43(5.9)

<표 20>은 2004년 한해 실시한 노인복지프로그램에 대하여 분석한 결과이다. 분석결과 불우노인을 위한 식사제공이 218명(29.9%)으로 가장 많았고 노력봉사가 196명(26.9%)으로 나타났으며, 양로원 방문 및 지원이 120명(16.5%), 경로당 운영이 47명(6.4%), 노인대학이 46명(6.3%), 기타 43명(5.9%), 노인취업 및 부업 알선이 25명(3.4%), 노인문제 상담이 19명(2.6%), 임종노인봉사가 8명(1.1%), 양로원 등 시설 운영사업이 7명

(1.0%) 순으로 나타났다. 전체적으로 많은 인적자원을 활용한 봉사가 주류를 이루고 특히 독거노인이나 불우 저소득노인을 위한 식사제공 등의 무료급식이나 건강, 중제, 알선, 노인문제 상담, 경로당 운영 및 노인대학 운영이 교회노인복지프로그램의 핵심임을 나타내주었다. 대규모교회에서는 교회자원이 풍부하기에 프로그램 운영을 위주로 하고 소규모교회에서는 부족한 자원을 최대한 활용하기 위해 노인들의 상담쪽으로 치우치는 경향이 있음을 알 수 있다.

<표 21>은 지역사회 노인복지사업에 교회의 개입에 대한 견해에 대하여 분석한 결과이다. 분석결과를 보면 적극적 개입해야 한다는 견해가 247명(55.1%), 어느 정도 개입을 해야 한다는 견해가 169명(37.7%), 확실한 입장취하기 어려움 17명(3.8%), 가급적 개입하지 않아야 한다는 견해가 7명(1.6%), 전혀 개입하지 않아야 한다는 견해가 8명(1.8%)의 순으로 나타나 대부분의 조사자들은 교회에서 노인복지사업에 참여하는 것을 긍정적으로 생각하는 것으로 나타났으며, 개입을 해야 한다에 높은 응답률을 나타내 향후 진보된 참여를 기대할 수 있는 것으로 발전 가능성을 보였다.

한국교회가 지역사회를 위한 노인복지사업에 소극적이라는 평에 대하여 빈도분석을 시행한 결과 비교적 그렇다 211명(47.1%)으로 가장 많은 빈도수를 나타냈으며, 보통이 71명(15.8%), 비교적 그렇지 않다 70명(15.6%), 매우 그렇다 64명(13.9%), 전혀 아니다 34명(7.6%)의 순으로 나타나, 교회 개입

의 필요성은 높으나 개입은 소극적인 것으로 나타났다. 이와 같은 결과는 지역사회 봉사활동에 동참은 하고 싶으나 동참할 수 있는 방법을 모르는 것으로서 다양한 교회개입의 활로가 개척되어야 할 것이다.

〈표 21〉 지역사회 노인복지사업에 교회의 개입에 대한 견해

		대규모	중규모	소규모	합계
		N(%)	N(%)	N(%)	N(%)
교회 개입의 견해	적극적으로 개입해야 한다	81(32.8)	84(34.0)	82(33.2)	247(55.1)
	어느 정도는 개입해야 한다	42(24.9)	60(35.5)	67(39.6)	169(37.7)
	확실한 입장을 취하기가 어렵다	7(41.2)	8(47.1)	2(11.8)	17(3.8)
	가급적 개입하지 않아야 한다	4(57.1)	1(14.3)	2(28.6)	7(1.6)
	전혀 개입하지 않아야 한다	3(37.5)	3(37.5)	2(25.0)	8(1.8)
	x^2	11.189*			448 (100.0)
소극적 평가에 대한 견해	전혀 아니다	4(11.8)	8(23.5)	22(64.7)	34(7.6)
	비교적 그렇지 않다	15(21.4)	21(30.0)	34(48.6)	70(15.6)
	보통이다	27(38.0)	18(25.4)	26(36.6)	71(15.8)
	비교적 그렇다	69(32.7)	81(38.4)	61(28.9)	211(47.1)
	매우 그렇다	22(34.4)	28(43.8)	14(21.8)	64(13.9)
	x^2	33.860**			448 (100.0)

* : $p<.05$, ** : $p<.01$

2) 인구사회적 특성 및 교회 특성, 교회자원의 참여인식에 따른 교회구성원들의 참여수준 차이

<연구문제 2>의 인구사회적 특성, 교회 특성 및 교회자원의 참여인식에 따른 교회구성원들의 참여수준 차이를 알아보기 위해 ANOVA 분석을 실시하였다.

인구사회적 특성 중 직업은 무직과 일반직, 전문직으로 재범주화하여 투입하였다. 무직은 무직과 전업주부를 포함하였고, 일반직은 회사원과 자영업자를 포함하였으며, 전문직에는 예술인, 공무원, 교사를 포함하였다. 그리고 교회직분은 일반성도와 지도자로 재범주화 하여 투입하였다. 일반성도에는 일반성도와 집사, 권사를 포함하였고, 지도자에는 전도사, 장로, 목사를 포함하였다.

(1) 인구사회적 특성에 따른 교회구성원들의 참여수준 차이

① 인구사회적 특성에 따른 교회구성원들의 참여수준 차이

<표 22>는 인구사회적 특성에 따른 교회구성원들의 참여수준에 대해 집단간 차이 분석을 실시한 결과이다. 분석결과 참여수준에 대해 직분만이 유의미한 차이(t=.235 *)가 있는 것으로 나타났고, 성별과 연령, 학력, 직업, 출석경력은 무의미한 것으로 나타났다. 구체적으로 직분에서 일반성도의 참여수준 평균점수는 2.15점, 지도자는 1.84점으로 일반성도가 지도자에 비해 지역

〈표 22〉 인구사회적 특성에 따른 교회구성원들의 참여수준의 차이

		M	SD	t / F	Scheffe
성별	남자	2.21	1.01	1.247	
	여자	2.08	0.93		
연령	20대 이하	1.71	0.59	1.697	
	20대	2.24	0.99		
	30대	2.08	1.01		
	40대	2.05	0.92		
	50대 이상	2.25	0.96		
학력	중학교졸 이하	2.22	0.81	.160	
	고등학교 졸업	2.11	0.98		
	전문대학 졸업	2.07	1.06		
	대학교 졸업	2.17	0.96		
	대학원졸업	2.15	0.91		
직업	무직	2.16	0.96	2.266	
	일반직	2.36	1.11		
	전문직	2.03	0.88		
직분	일반성도(a)	2.15	0.96	2.235*	a>b
	지도자(b)	1.84	0.65		
출석경력	1년 이하	2.47	1.23	1.771	
	2년~5년	1.95	0.75		
	6년~10년	2.21	1.02		
	11년~20년	2.11	0.94		
	21년 이상	2.14	0.96		

* : $p < .05$

사회 노인복지의 참여수준이 높은 것으로 나타났다. 이는 교회의 주 구성원인 일반성도가 실제 지역 봉사에 참여하고 있음을 입증시킨 것으로 이는 대다수 교회에서 지도자들보다 일반성도들에 의한 직접적인 참여가 상대적으로 높은 것을 실증적으로 입증해 주었다.

결과적으로, 인구사회적 특성에 따른 교회구성원들의 참여수준의 차이는 지역사회 노인복지에서 직분에 따라 인적자원 참여수준이 결정될 것이라는 의미 있는 결과가 나왔다.

② 인구사회적 특성에 따른 교회구성원들의 인적자원 참여수준 차이

<표 23>은 인구사회적 특성에 따른 교회구성원들의 인적자원 참여수준에 대해 집단간 차이 분석을 실시한 결과이다. 분석결과 인적자원 참여수준에 대해 성별만이 유의미한 차이($t=0.391$ *)가 있는 것으로 나타났고, 연령과 학력, 직업, 직분, 출석경력은 무의미한 것으로 나타났다. 구체적으로 성별에서 남자의 인적자원 참여수준 평균점수는 2.20점, 여자는 2.12점으로 남자가 여자에 비해 지역사회 노인복지의 참여수준이 높은 것으로 나타났다.

결과적으로, 인구사회적 특성에 따른 교회구성원들의 인적자원 참여수준의 차이는 지역사회 노인복지에서 성별에 따라 인적자원 참여수준이 결정될 것이라는 의미 있는 결과가 나왔다.

〈표 23〉 인구사회적 특성에 따른 교회구성원들의 인적자원 참여수준의 차이

		M	SD	t / F	Scheffe
성별	남자	2.20	1.06	0.391*	
	여자	2.12	0.96		
연령	20대 이하	1.76	0.76	1.685	
	20대	2.32	1.02		
	30대	2.09	1.10		
	40대	2.17	1.07		
	50대 이상	2.31	1.11		
학력	중학교졸업 이하	1.98	0.89	1.249	
	고등학교 졸업	2.17	1.10		
	전문대학 졸업	2.07	1.10		
	대학교 졸업	2.25	1.06		
	대학원졸업	2.47	1.06		
직업	무직	2.20	1.104	2.184	
	일반직	2.45	1.166		
	전문직	2.10	.987		
직분	일반성도(a)	2.20	1.066	.731	
	지도자(b)	2.12	.967		
출석경력	1년 이하	2.55	1.16	1.195	
	2~5년	2.14	0.93		
	6~10년	2.18	1.09		
	11~20년	2.13	1.06		
	21년 이상	2.27	1.13		

*$p<.05$

③ 인구사회적 특성에 따른 교회구성원들의 재정자원 참여수준 차이

<표 24>는 인구사회적 특성에 따른 교회구성원들의 재정자원 참여수준에 대해 집단간 차이 분석을 실시한 결과이다. 분석결과 재정자원 참여수준은 연령만이 유의미한 차이(F=4.304 **)가 있는 것으로 나타났고, 성별과 학력, 직업, 직분, 출석경력은 무의미한 것으로 나타났다. 구체적으로 연령에서 20대 이하의 재정자원 참여수준 평균점수는 2.13점, 30대는 2.57점, 50대 이상은 3.06점으로 50대 이상이 20대 이하와 30대 보다 재정자원 참여수준이 높은 것으로 나타났다.

이것은 이유식(1999)의 30대 중반에서 40대는 일반적으로 학생자녀 중심으로 시간을 보내고 있어, 진정한 사회봉사는 40대 후반에서 50대 초반이 가장 왕성하게 이루어지며, 60대 이후에는 둔화된다는 연구결과와 일치를 하고 있다. 즉, 연령에 따라 50세 이상이 상대적으로 높은 참여도가 나타났으며 이것은 이유식(1999)의 연구결과 사회봉사참여는 거의 40대 후반에서 50대 초반이 가장 왕성하게 이루어진다는 결과와 일치한다.

결과적으로, 인구사회적 특성이 재정자원 참여수준에 차이는 연령에 따라 재정자원 참여수준이 차이가 나는 것으로 나타나 지역사회 노인복지에서는 연령에 따라 재정자원 참여수준이 결정될 것이라는 의미 있는 결과가 나왔다.

〈표 24〉 인구사회적 특성에 따른 교회구성원들의 재정자원 참여 수준의 차이

		M	SD	t / F	Scheffe
성별	남자	2.75	1.15	.865	
	여자	2.66	1.08		
연령	20대 이하(a)	2.13	.99	4.304**	a,c<e
	20대(b)	2.59	1.19		
	30대(c)	2.57	1.13		
	40대(d)	2.71	.99		
	50대 이상(e)	3.06	1.02		
학력	중학교졸업 이하	3.34	1.06	2.316	
	고등학교 졸업	2.62	1.08		
	전문대학 졸업	2.54	1.12		
	대학교 졸업	2.70	1.11		
	대학원졸업	2.77	1.12		
직업	무직	2.82	1.03	2.547	
	일반직	2.88	1.16		
	전문직	2.53	1.07		
직분	일반성도	2.72	1.11	1.621	
	지도자	2.45	.850		
출석경력	1년 이하	2.64	1.27	.561	
	2년~5년	2.62	1.08		
	6년~10년	2.84	1.11		
	11년~20년	2.65	1.08		
	21년 이상	2.69	1.10		

$^{**}p<.01$

④ 인구사회적 특성에 따른 교회구성원들의 시설자원 참여수준 차이

<표 25>는 인구사회적 특성에 따른 교회구성원들의 시설자원 참여수준에 대해 집단간 차이 분석을 실시한 결과이다.

〈표 25〉 인구사회적 특성에 따른 교회구성원들의 시설자원 참여수준의 차이

		M	SD	t / F	Scheffe
성별	남자	1.91	1.16	.420	
	여자	1.87	1.11		
연령	20대 이하	1.57	.76	2.013	
	20대	2.12	1.08		
	30대	1.88	1.17		
	40대	1.74	1.13		
	50대 이상	1.85	1.19		
학력	중학교졸업 이하	1.77	.92	.126	
	고등학교 졸업	1.89	1.15		
	전문대학 졸업	1.94	1.22		
	대학교 졸업	1.90	1.13		
	대학원졸업	1.83	1.08		
직업	무직	1.88	1.18	2.148*	
	일반직	2.12	1.30		
	전문직	1.78	1.00		
직분	일반성도(a)	1.90	1.12	1.614	
	지도자(b)	1.56	.916		
출석경력	1년 이하	2.26	1.35	1.880	
	2~5년	1.69	.96		
	6~10년	1.98	1.18		
	11~20년	1.80	1.07		
	21년 이상	1.94	1.18		

*p<.05

분석결과 시설자원 참여수준은 직업만이 유의미한 차이(F=2.148 *)가 있는 것으로 나타났고, 성별과 연령, 학력, 직분, 출석경력은 무의미한 것으로 나타났다. 구체적으로 직업에서 무직의 시설자원 참여수준 평균점수는 1.88점, 일반직은 2.12점, 전문직은 1.78점으로 일반직이 무직과 전문직보다 시설자원 참여수준이 높은 것으로 나타났다.

이같은 결과는 교회 내 시설이 거의 획일적이거나 다양한 용도의 시설을 가지고 있지 않음을 의미하는 것으로, 이는 교회 시설 용도가 복지시설이나 지역복지서비스 공간을 운영하지 못하는 상황으로 단순 목회중심의 예배시설을 공통적으로 가지고 운영되기 때문인 것으로 짐작할 수 있다.

⑤ 인구사회적 특성에 따른 교회구성원들의 교육자원 참여수준 차이

<표 26>은 인구사회적 특성에 따른 교회구성원들의 교육자원 참여수준에 대해 집단간 차이 분석을 실시한 결과이다. 분석결과 교육자원 참여수준은 출석경력만이 유의미한 차이(F=2.738 *)가 있는 것으로 나타났고, 성별과 연령, 학력, 직업, 직분은 무의미한 것으로 나타났다. 구체적으로 출석경력에서 1년 이하의 교육자원 참여수준 평균점수는 2.18점, 2년~5년은 1.50점, 6년~10년은 1.82점, 11년~20년은 1.76점, 21년 이상은 1.85점으로 1년 이하가 2년~5년의 출석경력보다 교육자원 참여수준이 높은 것으로 나타났다.

출석경력에 따라서는 1년 이내의 교회구성원들의 높은 참

여도를 나타냈다 이것은 이원규(1994)의 신앙의 연수가 길면 영적 성숙도와 함께 사명감 또한 수반된 사회봉사 참여가 높아지

〈표 26〉 인구사회적 특성에 따른 교회구성원들의 교육자원 참여수준 차이

		M	SD	t / F	Scheffe
성별	남자	1.85	1.14	1.257	
	여자	1.72	1.05		
연령	20대 이하	1.38	.52	1.780	
	20대	1.96	1.07		
	30대	1.77	1.11		
	40대	1.64	1.04		
	50대 이상	1.79	1.18		
학력	중학교졸업 이하	1.60	1.02	.216	
	고등학교 졸업	1.80	1.09		
	전문대학 졸업	1.81	1.14		
	대학교 졸업	1.79	1.08		
	대학원졸업	1.72	1.06		
직업	무직	1.76	1.11	2.759	
	일반직	2.05	1.24		
	전문직	1.71	.99		
직분	일반성도	1.78	1.08	1.658	
	지도자	1.51	.84		
출석경력	1년 이하(a)	2.18	1.36	2.738*	a>b
	2년~5년(b)	1.50	.82		
	6년~10년(c)	1.82	1.19		
	1년1~20년(d)	1.76	1.06		
	21년 이상(e)	1.85	1.09		

*p<.05

는 경향이 있다는 연구결과와는 다소 반대의 결과를 나타냈다.

결과적으로, 인구사회적 특성에 따른 교회구성원들의 교육자원 참여수준 차이는 출석경력에 따라 교육자원 참여수준에 차이가 나는 것으로 나타나 지역사회 노인복지에서는 일반교회 출석경력에 따라 교육자원 참여수준이 결정될 것이라는 의미 있는 결과를 보였다.

(2) 교회 특성에 따른 교회구성원들의 참여수준 차이

① 교회 특성에 따른 교회구성원들의 전체 참여수준 차이

<표 27>은 교회 특성에 따른 교회구성원들의 전체 참여수준에 대해 분산분석을 시행한 결과이다. 분석결과, 설립연도(F=10.825 ***)와 교회규모(F=13.043 ***)는 유의미한 차이가 있는 것으로 나타났다. 설립연도의 25년 이하의 참여수준 평균점수는 1.88점, 31년 이상은 2.41점으로 설립된 지 31년 이

〈표 27〉 교회 특성에 따른 교회구성원들의 전체 참여수준 차이

		M	SD	F	Scheffe
설립연도	25년 이하(a)	1.88	0.84	10.825***	a<c
	26년~30년(b)	2.14	0.93		
	31년 이상(c)	2.41	1.04		
교회규모	대규모(a)	2.47	1.19	13.043***	a>b,c
	중규모(b)	1.88	0.84		
	소규모(c)	2.11	0.75		

*** p<.001

상인 교회가 25년 이하인 교회보다 교회자원의 참여수준이 높은 것으로 나타났다. 그리고 규모가 큰 만큼 많은 참여인원과 높은 참여 속성을 가지고 있으므로 이로 인해 실제 참여율 또한 대규모교회 중심일 수밖에 없는 기존의 연구 성향을 뒷받침해주고 우리나라 교회의 공통된 현상을 확인해 주었다.

결과적으로 교회 특성에 따른 교회구성원들의 전체 참여수준 차이가 나타난 것은 설립연도와 교회규모에서 참여수준에 차이가 있는 것으로 나타났다.

② 교회 특성에 따른 교회구성원들의 인적자원 참여수준 차이

<표 28>은 교회 특성에 따른 교회구성원들의 인적자원 참여수준에 대해 분산분석을 시행한 결과이다. 분석결과, 설립연도(F=7.771 ***)와 교회규모(F=8.690 ***)모두 유의미한 차이가 있는 것으로 나타났다. 설립연도의 25년 이하의 참여수준 평균점수는 1.96점, 31년 이상은 2.43점으로 설립된 지 31

〈표 28〉 교회 특성에 따른 교회구성원들의 인적자원 참여수준 차이

		M	SD	F	Scheffe
설립연도	25년 이하(a)	1.96	1.07	7.771***	a<c
	26년~30년 이하(b)	2.25	.96		
	31년 이상(c)	2.43	1.09		
교회규모	대규모(a)	2.48	1.19	8.690***	a>c
	중규모(b)	1.97	1.07		
	소규모(c)	2.23	.86		

*** p<.001

년 이상인 교회가 25년 이하인 교회보다 교회자원의 인적자원 참여수준이 높은 것으로 나타났다.

결과적으로, 교회 특성에 따른 인적자원 참여수준은 설립연도와 교회규모에 따라 차이가 나타나 지역사회 노인복지에서는 설립연도 교회규모에 따라 인적자원 참여수준이 결정될 것이라는 의미 있는 결과가 나왔다.

③ 교회 특성에 따른 교회구성원들의 재정자원 참여수준 차이

<표 29>는 교회 특성에 따른 교회구성원들의 재정자원 참여수준에 대해 분산분석을 시행한 결과이다. 분석결과, 설립연도(F=4.345 *)와 교회규모(F=4.418 *) 모두 유의미한 차이가 있는 것으로 나타났다. 설립연도의 25년 이하의 참여수준 평균점수는 2.48점, 25년에서 30년 이하는 2.80점, 31년 이상은 2.82점으로 설립된 지 31년 이상인 교회가 25년 이하인 교회와 26년에서 30년 이하인 교회보다 교회자원의 재정자원 참여수준이

〈표 29〉 교회 특성에 따른 교회구성원들의 재정자원 참여수준 차이

		M	SD	F	Scheffe
설립연도	25년 이하(a)	2.48	.90	4.345*	a<c
	26년~30년 이하(b)	2.80	1.19		
	31년 이상(c)	2.82	1.18		
교회규모	대규모(a)	2.78	1.29	4.418*	b<c
	중규모(b)	2.48	.90		
	소규모(c)	2.84	1.08		

* p<.05

높은 것으로 나타났다. 그리고 교회규모에서 대규모 교회의 평균점수는 2.78점, 중규모 교회는 2.48점, 소규모 교회는 2.84점으로 소규모 교회가 중규모 교회보다 재정자원 참여수준이 높은 것으로 나타났다.

그러므로, 재정자원에 따른 대규모 교회의 참여수준을 향상시킬 수 있는 적극적인 개입이 뒷받침되어야 하고, 재정자원 참여수준을 저해하는 요인들에 대한 심층적 탐색이 요청된다. 즉, 유장춘(2000)에 따르면 교회재정규모가 크고 많을수록 교회의 사회복지프로그램도 많아진다는 결과를 볼 때 규모에 따른 동일 목적지향이 아닌 교회수준에 맞는 차량봉사, 주방봉사, 주택 개 · 보수나 관리 봉사 미화 봉사 등 인적자원의 수준을 고려한 차별화가 선행되어야 할 것을 요구한다.

결과적으로, 교회 특성에 따른 재정자원 참여수준 차이가 나는 것은 교회규모와 설립연도에 따라 재정자원 참여수준에 차이가 나며, 지역사회 노인복지 재정자원 참여수준은 교회규모, 설립연도의 수준에 따라 결정된다는 의미 있는 결과가 나왔다. 따라서 교회규모가 크고 오래 될수록 재정자원 또한 높고 이로 인해 노인복지에서 재정자원 참여수준 또한 높을 것이라는 점을 지지해 주었다.

④ 교회 특성에 따른 교회구성원들의 시설자원 참여수준 차이

<표 30>은 교회 특성에 따른 교회구성원들의 시설자원 참여수준에 대해 분산분석을 시행한 결과이다. 분석결과, 설립

〈표 30〉 교회 특성에 따른 교화구성원들의 시설자원 참여수준 차이

		M	SD	F	Schcffc
설립연도	25년 이하(a)	1.54	.90	15.842***	a<b<c
	26년~30년 이하(b)	1.88	1.19		
	31년 이상(c)	2.25	1.19		
교회규모	대규모(a)	2.48	1.30	31.173***	a>b,c
	중규모(b)	1.54	.90		
	소규모(c)	1.71	.96		

*** p<.001

연도(F=15.842 ***)와 교회규모(F=31.173 ***)모두 유의미한 차이가 있는 것으로 나타났다. 설립연도의 25년 이하의 시설자원 참여수준 평균점수는 1.54점, 26년에서 30년 이하는 1.88점, 31년 이상은 2.25점으로 설립된 지 31년 이상인 교회가 25년 이하와 26~30년 이하인 교회보다 교회자원의 시설자원 참여수준이 높은 것으로 나타났다. 교회규모에서 대규모 교회의 평균점수는 2.48점, 중규모 교회 1.54점, 소규모 교회 1.71점으로 대규모 교회가 중규모와 소규모 교회보다 시설자원 참여수준이 높은 것으로 나타났다.

시설자원에서는 대규모이고 역사가 오래된 교회일수록 시설자원 참여는 높게 나타나고 있다. 따라서 교회 내 시설자원을 지역사회에 개방하여 교회의 사명인 지역사회와 함께 하는 풍토조성이 선행되어야 할 것이다. 최순남(1995)의 연구결

과 교회의 사회봉사활동은 시설자원에 크게 영향을 받지 않는다고 하였지만, 역사가 오래된 교회가 사회봉사에 더 많은 시설을 투입하고 있다.

결과적으로 교회 특성에 따른 교회구성원들의 시설자원 참여수준 차이가 나는 것은 설립연도와 교회규모의 수준에 따라 결정된다는 의미 있는 결과가 나왔다. 즉, 시설자원 또한 재정과 밀접한 연관성을 갖는 것으로 결국 오래된 기존의 교회들 모두가 규모도 크고 신도도 많으므로 참여수준이 높을 수밖에 없기 때문이다.

⑤ 교회 특성에 따른 교회구성원들의 교육자원 참여수준 차이

<표 31>은 교회 특성에 따른 교회구성원들의 교육자원 참여수준에 대해 분산분석을 시행한 결과이다. 분석결과, 설립연도(F=10.204 ***)와 교회규모(F=17.611 ***)모두 유의미한 차이가 있는 것으로 나타났다. 설립연도의 25년 이하의 교육자원 참여수준 평균점수는 1.51점, 26년에서 30년 이하는 1.77점, 31년 이상은 2.06점으로 설립된 지 31년 이상인 교회가 25년 이하인 교회보다 교회자원의 교육자원 참여수준이 높은 것으로 나타났다. 교회규모에서는 대규모 교회의 평균점수가 2.22점, 중규모 교회 1.51점, 소규모 교회 1.67점으로 대규모 교회가 중규모와 소규모 교회보다 교육자원 참여수준이 높은 것으로 나타났다.

이러한 결과를 볼 때 교회 특성에 따른 교회구성원들의 교

〈표 31〉 교회 특성에 따른 교회구성원들의 교육자원 참여수준 차이

		M	SD	F	Scheffe
설립 연도	25년 이하(a)	1.51	.97	10.204***	a<c
	26년~30년(b)	1.77	1.10		
	31년 이상(c)	2.06	1.14		
교회 규모	대규모(a)	2.22	1.28	17.611***	a>b,c
	중규모(b)	1.51	.97		
	소규모(c)	1.67	.89		

*** p<.001

육자원 참여수준 차이가 나는 것은 설립연도와 교회규모 수준에 따라 결정된다고 볼 수 있다.

이는 기존 노인복지사업에서 참여가 대규모 교회 중심으로 이루어짐을 상징적으로 보여준 결과로서 중규모 교회의 지역사회복지의 낮은 참여와 한국 교회의 대규모의 큰 교회중심 활동이 두드러진다는 점에서 한계를 잘 보여주고 있다. 이는 결국 대·중·소규모에 따른 독자적 노인프로그램을 가지고 교육자원에 참여하기보다는 획일적이고 거의 유사한 교육프로그램으로 봉사로 일관하고 있음을 암시한다.

(3) 교회자원의 참여인식에 따른 교회구성원들의 참여수준 차이

교회자원의 참여인식에 따른 교회구성원들의 참여수준 차이를 분석하기에 앞서 참여인식을 참여인식 점수에 따라 낮은

집단과 중간집단, 높은 집단의 세 집단으로 구분하였다. 세 집단의 구분은 3분위수로 구분하였다. 즉, 참여인식 점수 하위 1/3은 낮은 집단, 중위 1/3은 중간집단, 상위 1/3은 높은 집단으로 구분하였다. <표 32>는 각 집단의 평균과 빈도를 보여주고 있다.

〈표 32〉 교회자원의 참여인식 평균 및 빈도

	군집	평균	빈도
인적자원 참여수준	낮은 집단	2.69	178
	중간 집단	3.71	37
	높은 집단	4.60	217
	합 계	4.06	432
재정자원 참여수준	낮은 집단	2.37	236
	중간 집단	3.58	38
	높은 집단	4.62	153
	합 계	3.84	427
시설자원 참여수준	낮은 집단	2.31	257
	중간 집단	3.57	62
	높은 집단	4.67	115
	합 계	3.68	434
교육자원 참여수준	낮은 집단	2.28	239
	중간 집단	3.57	56
	높은 집단	4.67	143
	합 계	3.76	438

① 인적자원 참여인식에 따른 교회구성원들의 참여수준 차이

<표 33>은 인적자원 참여인식에 따른 교회구성원들의 각 참여수준의 차이를 알아보기 위하여 분산분석을 시행한 결과이다. 분석결과, 재정자원 참여수준(F=3.135 *)과 교육자원 참여수준(F=4.157 *)에서 유의미한 차이가 있는 것으로 나타났다. 구체적으로 재정자원 참여수준은 인적자원 참여인식의 평균점수가 중간 집단 2.54점, 높은 집단 2.82점으로 인적자원 참여인식이 높은 집단이 낮은 집단보다 재정자원의 참여수준이 높은 것으로 나타났다. 그리고 교육자원 참여수준은 인적자원 참여인식의 평균 점수가 낮은 집단 2.26점, 중간 집단 1.69점, 높은 집단 1.77점으로 인적자원 참여인식이 낮은 집단이 중

〈표 33〉 인적자원 참여인식에 따른 교회구성원들의 참여수준 차이

	참여인식	M	SD	t / F	Scheffe
인적자원 참여수준	낮은 집단	2.24	1.01	1.461	
	중간 집단	2.10	.94		
	높은 집단	2.28	1.15		
재정자원 참여수준	낮은 집단(a)	2.82	.88	3.135*	b<c
	중간 집단(b)	2.54	1.01		
	높은 집단(c)	2.82	1.20		
시설자원 참여수준	낮은 집단	2.20	1.16	1.619	
	중간 집단	1.83	1.01		
	높은 집단	1.89	1.21		
교육자원 참여수준	낮은 집단(a)	2.26	1.13	4.157*	a>b,c
	중간 집단(b)	1.69	.96		
	높은 집단(c)	1.77	1.16		

*$p<.05$ (a=낮은 집단, b=중간 집단, c=높은 집단)

간집단과 높은 집단보다 교육자원의 참여수준이 높은 것으로 나타났다.

이같은 결과는, 노인층의 비중이 높은 교회는 상대적으로 건강과 신체적인 조건이 좋지 않은 경우라 볼 수 있기 때문에 자연히 노인의 교육 참여수준은 상대적으로 낮아지며, 인적자원 인식이 증가하게 되는 원인으로 노인의 건강과 직접적인 관계가 있는 것으로 판단된다.

② 재정자원 참여인식에 따른 교회구성원들의 참여수준 차이

<표 34>는 재정자원 참여인식에 따른 교회구성원들의

〈표 34〉 재정자원 참여인식에 따른 교회구성원들의 참여수준 차이

	참여인식	M	SD	t / F	Scheffe
인적자원 참여수준	낮은 집단	2.12	1.01	1.301	
	중간 집단	2.16	1.04		
	높은 집단	2.33	1.11		
재정자원 참여수준	낮은 집단(a)	2.32	.93	10.373***	a,b<c
	중간 집단(b)	2.58	1.02		
	높은 집단(c)	3.04	1.20		
시설자원 참여수준	낮은 집단	1.89	1.07	.658	
	중간 집단	1.86	1.07		
	높은 집단	1.99	1.25		
교육자원 참여수준	낮은 집단	1.83	1.06	.042	
	중간 집단	1.79	1.04		
	높은 집단	1.78	1.18		

***p<.001 (a=낮은 집단, b=중간 집단, c=높은 집단)

각 참여수준의 차이를 알아보기 위하여 분산분석을 시행한 결과이다. 분석결과, 재정자원 참여수준(F=10.373 ***)에서 유의미한 차이가 있는 것으로 나타났다. 구체적으로 재정자원 참여수준은 재정자원 참여인식의 평균점수가 낮은 집단 2.32점, 중간집단 2.58점, 높은 집단 3.04점으로 재정자원 참여인식이 높은 집단이 중간 집단과 낮은 집단보다 재정자원의 참여수준이 높은 것으로 나타났다.

교회는 지역사회복지에 대한 다양한 접근으로 예산확보 계획을 세워야 하며, 노인복지를 위해 사회와 더불어 발전할 수 있는 방법을 모색할 것을 암시한다. 재정자원 확대는 모든 교회가 겪는 어려움이나 노인복지 동기와 뚜렷한 목표, 프로그램의 차별화로 예산과 직접비용에 의존하기보다 간접인력을 최대한 활용한 봉사와 재정대체 효과를 적극 모색하는 것도 하나의 대안이 될 수 있을 것이다.

③ 시설자원 참여인식에 따른 교회구성원들의 참여수준 차이

<표 35>는 시설자원 참여인식에 따른 교회구성원들의 각 참여수준의 차이를 알아보기 위하여 분산분석을 시행한 결과이다. 분석결과, 시설자원 참여수준(F=6.342 **)에서 유의미한 차이가 있는 것으로 나타났다. 구체적으로 시설자원 참여수준은 시설자원 참여인식의 평균점수가 낮은 집단 1.47점, 중간 집단 1.89점, 높은 집단 2.09점으로 시설자원 참여인식이 높은 집단이 낮은 집단보다 시설자원의 참여수준이 높은 것으

〈표 35〉 시설자원 참여인식에 따른 교회구성원들의 참여수준 차이

	참여인식	M	SD	t / F	Scheffe
인적자원 참여수준	낮은 집단	1.98	.87	2.946	
	중간 집단	2.20	1.06		
	높은 집단	2.39	1.18		
재정자원 참여수준	낮은 집단	2.48	.99	2.716	
	중간 집단	2.68	1.05		
	높은 집단	2.88	1.27		
시설자원 참여수준	낮은 집단(a)	1.47	.75	6.342**	a>c
	중간 집단(b)	1.89	1.08		
	높은 집단(c)	2.09	1.31		
교육자원 참여수준	낮은 집단	1.50	.77	2.347	
	중간 집단	1.84	1.11		
	높은 집단	1.83	1.21		

*p<.05 (a=낮은 집단, b=중간 집단, c=높은 집단)

로 나타났다.

그러므로 교회 시설은 공공부분이 담당하지 못하는 부분을 우선해야 하므로 공적부분에서 담당하지 못하고 있는 특수한 부분을 교회가 솔선하여 시설을 보강하여 개방해 나가야 한다. 따라서 교회 내의 시설자원에 대한 인식의 증가는 시설자원 참여수준을 증가시키는 것으로 판단된다.

④ 교육자원 참여인식에 따른 교회구성원들의 참여수준 차이

<표 36>은 교육자원 참여인식에 따른 교회구성원들의 참여수준 차이를 알아보기 위하여 분산분석을 시행한 결과이다. 분석결과, 시설자원 참여수준(F=4.641 *)에서 유의미한 차이가 있는 것으로 나타났다. 구체적으로 시설자원 참여수준은 교육자원 참여인식의 평균점수가 낮은 집단 1.52점, 중간집단 1.88점, 높은 집단 2.06점으로 교육자원 참여인식이 높은 집단이 낮은 집단보다 시설자원의 참여수준이 높은 것으로 나타났다.

즉, 교육자원 참여인식이 증가할수록 시설자원 참여수준

〈표 36〉 교육자원 참여인식에 따른 교회구성원들의 참여수준 차이

	참여인식	M	SD	t / F	Scheffe
인적자원 참여수준	낮은 집단	2.00	.76	2.646	
	중간 집단	2.18	1.03		
	중요 집단	2.37	1.21		
재정자원 참여수준	낮은 집단	2.66	.90	.684	
	중간 집단	2.66	1.08		
	높은 집단	2.79	1.21		
시설자원 참여수준	낮은 집단(a)	1.52	.73	4.641*	a<c
	중간 집단(b)	1.88	1.07		
	높은 집단(c)	2.06	1.31		
교육자원 참여수준	낮은 집단	1.48	.69	2.731	
	중간 집단	1.79	1.06		
	높은 집단	1.89	1.24		

*p<.05 (a=낮은 집단, b=중간 집단, c=높은 집단)

이 높은 것으로 볼 수 있는데, 이는 노인의 교육에 대한 인식이 증가하면 자연히 교육을 위한 시설이 보강되는 경향이 있기 때문이다. 또한 시설자원은 교회규모와도 연관이 있는 것으로 판단되므로 교회가 시설자원을 활용하여 다양한 지역사회 노인복지사업을 수행해야 한다.

3) 인구사회적 특성, 교회 특성 그리고 교회자원에 대한 참여인식이 참여수준에 미치는 영향

<연구문제 3>의 인구사회적 특성, 교회 특성 및 교회자원의 참여인식은 교회구성원들의 참여수준에 미치는 영향을 알아보기 위해 다중회귀분석을 실시하였다.

분석에 앞서 인구사회적 특성에서는 성별과 직분, 교회 특성에서는 교회규모를 더미변수로 변환하였다. 인구사회적 특성 중 직분은 일반성도와 지도자로 재 범주화하여 투입하였으며, 일반성도에는 일반성도와 집사, 권사를 포함하였고, 지도자에는 전도사, 장로, 목사를 포함하였다. 그리고 교회규모는 소규모 교회를 기준으로 교회규모1(중규모)과 교회규모2(대규모)의 더미변수로 투입하였다.

회귀분석시 독립변수 간에 다중공선성이 존재할 가능성을 확인하기 위해 Pearson 적률상관관계 계수 및 VIF를 살펴보았다. <표 37>은 회귀분석을 실시하기 전에 주요 변수들 간의 다중공선성의 문제가 있는지를 확인하기 위하여 독립변수인 교회자원 참여인식(인적자원, 재정자원, 시설자원, 교육자원) 간의 적률상관관계를 분석한 결과이다. 일반적으로 변수들 간의 상관관계 계수가 0.8이상이면, 다중공선성의 존재를 의심해 볼 수 있다(장상희 · 홍동식, 1989). 또한 회귀분석 통계를 통하여 얻어지는 분산팽창계수(VIF : variance inflation factor)의 값이 10이 넘으면 다중공선성의 문제가 있는 것으로 볼 수 있다.

분석결과, 시설자원 참여인식과 교회자원 참여인식간 상관관계가 0.88로 나타나 다중공선성이 의심되었지만, 분산팽창계수의 최고값이 5.018로 나타나 다중공선성의 문제는 없는 것으로 볼 수 있다.

〈표 37〉 주요 변수들 간의 단순상관관계

	인적자원 참여인식	재정자원 참여인식	시설자원 참여인식	교육자원 참여인식
인적자원 참여인식	1.00			
재정자원 참여인식	.623**	1.00		
시설자원 참여인식	.748**	.571**	1.00	
교육자원 참여인식	.761**	.513**	.880**	1.00

** : $p<.01$

(1) 인구사회적 특성, 교회 특성 및 참여인식이 참여수준에 미치는 영향

<표 38>의 분석결과, 인구사회적 특성과 교회 특성, 참여인식이 참여수준에 미치는 영향은 연령과 직분, 교회규모2(대규모)가 유의미한 것으로 나타났다. 이들 변수들이 미치는 영향을 살펴보면, 인구사회적 특성에서 연령은 정(+)적으로 .180

〈표 38〉 인구사회적 특성, 교회 특성 및 참여인식이 참여수준에 미치는 영향

독립변수 \ 종속변수		전체 참여수준				
		B	SE	β	t	VIF
	(상수)	1.076	.601		1.788	
인구사회적 특성	성별	-.091	.106	-.047	-.858	1.132
	연령	.139	.046	.180	3.014**	1.336
	교육연수	.022	.016	.077	1.323	1.264
	출석경력	-.014	.041	-.018	-.349	1.041
	직분	-.420	.198	-.116	-2.121*	1.132
교회 특성	교회규모1	.092	.222	.046	.416	4.582
	교회규모2	.343	.130	.170	2.634**	1.558
	설립연한	.226	.124	.197	1.827†	4.368
참여인식	인적자원	-.169	.104	-.123	-1.621	2.145
	재정자원	.098	.092	.077	1.066	1.973
	시설자원	.069	.097	.060	.715	2.649
	교육자원	.112	.091	.101	1.234	2.514
R2	.113					
F	3.532***					

†p<.10 *p<.05 **p<.01 가변수(성별: 여자=0, 남자=1, 직분: 집사, 권사= 0, 목사, 전도사, 장로=1, 교회규모1: 소규모, 대규모=0, 중규모=1, 교회규모2: 소규모, 중규모=0, 대규모=1)

만큼 참여수준에 영향을 미치는 것으로 나타났으며, 직분은 부(-)적으로 .116 만큼 참여수준에 영향을 미치는 것으로 나타났고, 교회규모2는 정(+)적으로 .170 만큼 참여수준에 영향을 미치는 것으로 나타났다. 그리고 설립연한은 p<.10 수준에서 유의미성을 확인할 수 있었는데, 본 연구가 갖는 탐색적 연구 특성상 교회의 설립연한 요인을 주목할 필요가 있을 것으로 본다. 본 연구모형은 참여수준에 대해 11.3%의 설명력을 갖는 것으로 나타났다.

그러나 교회구성원들의 참여인식은 노인복지사업의 참여수준에 아무런 영향을 미치지 않는 것으로 나타났다.

(2) 인구사회적 특성, 교회 특성 및 참여인식이 인적자원 참여수준에 미치는 영향

<표 39>의 분석결과, 인구사회적 특성과 교회 특성, 참여인식이 인적자원 참여수준에 미치는 영향은 연령과 교육연수, 직분이 유의미한 것으로 나타났다. 이들 변수들이 미치는 영향을 살펴보면, 인구사회적 특성에서 연령은 정(+)적으로 .190, 교육연수는 정(+)적으로 .143, 직분은 부(-)적으로 .099 만큼 참여수준에 영향을 미치는 것으로 나타났다. 그리고 직분은 p<.10 수준에서 유의미성을 확인할 수 있었는데, 본 연구가 갖는 탐색적 연구 특성상 교회의 직분 요인을 주목할 필요가 있을 것으로 본다면 연구모형은 참여수준에 대해 8.8%의 설명력을 갖는 것으로 나타났다.

교회사회복지는 교회사회복지사를 통해 교회내의 인적 자원을 최대한으로 활용하여 최대효과를 낼 수 있는 제도를 확립하는 길이라 할 수 있다. 즉 한정된 재정규모를 고려할 때 교회 내의 인적자원을 최대한으로 활용하여 최소비용으로 최대

〈표 39〉 인구사회적 특성, 교회 특성 및 참여인식이 인적자원 참여수준에 미치는 영향

독립변수 \ 종속변수		인적자원 참여수준				
		B	SE	β	t	VIF
	(상수)	.927	.654		1.418	
인구사회적 특성	성 별	.147	.118	.068	1.245	1.131
	연 령	.164	.051	.190	3.238**	1.315
	교육연수	.045	.018	.143	2.496*	1.262
	출석경력	-.036	.045	-.042	-.802	1.036
	직 분	-.394	.217	-.099	-1.812+	1.149
교회 특성	교회규모1	.027	.247	.012	.111	4.670
	교회규모2	-.221	.143	.098	1.549	1.548
	설립연한	.181	.136	.143	1.329	4.417
참여 인식	인적자원	.037	.116	.024	.316	2.155
	재정자원	-.043	.101	-.031	-.422	2.008
	시설자원	.031	.108	.024	.288	2.756
	교육자원	.105	.102	.085	1.032	2.582
R2	.088					
F	2.807***					

†p<.10 *p<.05 **p<.01 가변수(성별: 여자=0, 남자=1, 직분: 집사, 권사= 0, 목사, 전도사, 장로=1, 교회규모1: 소규모, 대규모=0, 중규모=1, 교회규모2: 소규모, 중규모=0, 대규모=1)

효과를 낼 수 있는 방법을 적극 모색할 필요가 있음을 의미한다.

결과적으로 인구사회적 특성, 교회 특성 및 참여인식이 인적자원 참여수준에 영향을 미치는 것은 연령과 교육연수, 직분이 인적자원 참여수준에 영향을 미칠 것이라는 의미 있는 결과가 나왔다.

(3) 인구사회적 특성, 교회 특성 및 참여인식이 재정자원 참여수준에 미치는 영향

<표 40>의 분석결과, 인구사회적 특성과 교회 특성, 참여인식이 재정자원 참여수준에 미치는 영향은 연령과 직분, 참여인식의 재정자원이 유의미한 것으로 나타났다. 이들 변수들이 미치는 영향을 살펴보면, 인구사회적 특성에서 연령은 정(+)적으로 .233 만큼, 직분은 부(-)적으로 .122 만큼, 재정자원은 정(+)적으로 .252 만큼 재정자원 참여수준에 영향을 미치는 것으로 나타났으며, 재정자원 참여수준에 대해 11.3%의 설명력을 갖는 것으로 나타났다. 즉, 교회는 지역사회복지에 대한 전문적인 이해와 접근으로 예산확보 계획을 세워 다양화하여야 할 것이며 재정자원이 예배 기능만 유지하는 것이 아니라 지역사회 노인복지를 위해 사회와 더불어 갈 수 있는 방법을 찾아 봐야 할 것이다. 교회자원이 단순구호 및 자선에서 벗어나서 개개인의 사회복지서비스 욕구를 충족시키는 전문적 지식과 기술의 발달에 의해 발견 될 수 있을 것이다.

결과적으로 인구사회적 특성, 교회 특성 및 참여인식 그리

〈표 40〉 인구사회적 특성, 교회 특성 및 참여인식이 재정자원 참여수준에 미치는 영향

독립변수 \ 종속변수		재정자원 참여수준				
		B	SE	β	t	VIF
	(상수)	1.311	.687	-	1.910	-
인구사회적 특성	성 별	-.036	.122	-.016	-.294	1.131
	연 령	.214	.054	.233	3.994***	1.344
	교육연수	.029	.019	.088	1.559	1.257
	출석경력	-.020	.046	-.022	-.420	1.043
	직 분	-.506	.223	-.122	-2.267*	1.152
교회 특성	교회규모1	-.050	.257	-.021	-.193	4.657
	교회규모2	.042	.149	.018	.283	1.536
	설립연한	.178	.142	.133	1.253	4.423
참여인식	인적자원	-.115	.121	-.070	-.946	2.142
	재정자원	.375	.106	.252	3.540***	1.993
	시설자원	-.044	.113	-.033	-.393	2.753
	교육자원	-.049	.105	-.037	-.462	2.574
R^2	.113					
F	3.731***					

*p<.05 ***p<.001 가변수(성별: 여자=0, 남자=1, 직분: 집사, 권사= 0, 목사, 전도사, 장로=1, 교회규모1: 소규모, 대규모=0, 중규모=1, 교회규모2: 소규모, 중규모=0, 대규모=1)

고 연령과 직분, 참여인식의 재정자원이 영향을 미치는 것으로 나타나 지역사회 노인복지 참여인식에서 연령과 직분, 재정자원이 재정자원 참여수준에 영향을 미칠 것이라는 의미 있는 결과가 나왔다.

(4) 인구사회적 특성, 교회 특성 및 참여인식이 시설자원 참여수준에 미치는 영향

<표 41>의 분석결과, 인구사회적 특성, 교회 특성 및 참여인식이 시설자원 참여수준에 미치는 영향은 연령과 교회규

〈표 41〉 인구사회적 특성, 교회 특성 및 참여인식이 시설자원 참여수준에 미치는 영향

독립변수 \ 종속변수		시설자원 참여수준				
		B	SE	β	t	VIF
	(상수)	.674	.645		1.044	
인구사회적특성	성별	-.002	.117	-.021	.984	1.125
	연령	.107	.051	.118	2.122*	1.332
	교육연수	.008	.018	.023	.425	1.263
	출석경력	-.005	.045	-.006	-.115	1.038
	직분	-.346	.214	-.083	-1.614	1.149
교회특성	교회규모1	.216	.245	.091	.883	4.602
	교회규모2	.755	.142	.319	5.329***	1.548
	설립연한	.265	.136	.196	1.948+	4.398
참여인식	인적자원	-.292	.117	-.178	-2.50*	2.200
	재정자원	.066	.102	.044	.519	2.023
	시설자원	.181	.108	.135	1.666+	2.823
	교육자원	.144	.101	.111	1.429	2.618
R2	.180					
F	6.479					

†p<.10 *p<.05 ***p<.001 가변수(성별: 여자=0, 남자=1, 직분: 집사, 권사=0, 목사, 전도사, 장로=1, 교회규모1: 소규모, 대규모=0, 중규모=1, 교회규모2: 소규모, 중규모=0, 대규모=1)

모2(대규모), 설립연한, 인적자원, 시설자원이 유의미한 것으로 나타났다. 이들 변수들이 미치는 영향을 살펴보면, 인구사회적 특성에서 연령은 정(+)적으로 .118, 교회규모2(대규모)는 정(+)적으로 .319, 설립연한은 정(+)적으로 .196, 인적자원은 부(-)적으로 .178, 시설자원은 정(+)적으로 .135만큼 시설자원 참여수준에 영향을 미치는 것으로 나타났다. 그리고 설립연한과 시설자원은 $p<.10$ 수준에서 유의미성을 확인할 수 있었는데, 본 연구가 갖는 탐색적 연구 특성상 교회의 설립연한과 시설자원을 주목할 필요가 있을 것으로 본다. 본 연구모형은 시설자원 참여수준에 대해 18.0%의 설명력을 갖는 것으로 나타내므로, 시설자원을 잘 활용할 수 있도록 조직적이고 체계적인 지역사회 노인복지사업을 기획할 필요가 있다. 또한 교회자원이 지역사회에 개방될 때 어떤 시설을 어떻게 활용할 것인가를 지역사회 체계 내에서 즉시 사용할 수 있는 연계가 필요하다고 사료된다.

결과적으로 인구사회적 특성, 교회 특성 및 참여인식이 시설자원 참여수준에 영향을 미치는 것은 교회구성원들의 연령이 높고, 교회 규모가 크며, 설립연한이 길수록 노인복지사업에 대한 시설자원 참여수준은 높아지는 것으로 나타났으며, 교회구성원들의 참여인식은 인적자원과 시설자원이 노인복지사업의 참여수준에 영향을 미칠 것이라는 의미 있는 결과가 나왔다.

(5) 인구사회적 특성, 교회 특성, 및 참여인식이 교육자원 참여수준에 미치는 영향

<표 42>의 분석결과, 인구사회적 특성과 교회 특성, 참여인식이 교육자원 참여수준에 미치는 영향은 연령과 직분, 교회규모2(대규모), 참여인식은 인적자원과 교육자원이 유의미한 것으로 나타났다. 이들 변수들이 미치는 영향을 살펴보면, 인구사회적 특성에서 연령은 정(+)적으로 .136 만큼, 직분은 부(-)적으로 .101만큼, 교회규모2(대규모)는 정(+)적으로 .238 만큼, 참여인식에서는 인적자원이 부(-)적으로 .192, 교육자원은 정(+)적으로 .169 만큼 교육자원 참여수준에 영향을 미치는 것으로 나타났다. 그리고 직분은 $p<.10$ 수준에서 유의미성을 확인할 수 있었으며, 연구모형은 참여수준에 대해 13.2%의 설명력을 갖는 것으로 나타났다.

결과적으로 인구사회적 특성, 교회 특성 및 참여인식이 교육자원 참여수준에 영향을 미치는 것은 교회구성원들의 연령이 높을수록, 직분이 지도자에 비해 일반성도일수록 교회 특성에서는 대규모일수록 교육자원 참여수준은 높아지는 것으로 나타났고, 교회구성원들의 인적자원과 교육자원의 참여인식이 노인복지사업의 참여수준에 영향을 미칠 것이라는 의미있는 결과가 나왔다.

〈표 42〉 인구사회적 특성, 교회 특성 및 참여인식이 교육자원 참여수준에 미치는 영향

독립변수 \ 종속변수		교육자원 참여수준				
		B	SE	β	t	VIF
	(상수)	1.785	.642		2.779	
인구사회적 특성	성별	-.159	.116	-.071	-1.371	1.115
	연령	.120	.050	.136	2.381*	1.333
	교육연수	.003	.018	.009	.165	1.244
	출석경력	.019	.044	.022	.438	1.040
	직분	-.416	.216	-.101	-1.930+	1.135
교회 특성	교회규모1	.007	.243	.003	.030	4.625
	교회규모2	.546	.141	.238	3.883***	1.541
	설립연한	.152	.135	.117	1.132	4.387
참여 인식	인적자원	-.305	.116	-.192	-2.637**	2.173
	재정자원	-.093	.101	-.064	-.924	2.001
	시설자원	.130	.108	.100	1.207	2.801
	교육자원	.213	.100	.169	2.119*	2.602
R2	.132					
F	4.533***					

†p<.10 *p<.05 **p<.01 ***p<.001 가변수(성별: 여자=0, 남자=1, 직분: 집사, 권사= 0, 목사, 전도사, 장로=1, 교회규모1: 소규모, 대규모=0, 중규모=1, 교회규모2: 소규모, 중규모=0, 대규모=1)

V 결 론

1. 결 론

본 연구는 대구광역시 소재 대·중·소 교회를 대상으로 지역사회 내 노인복지사업에서 교회의 4가지 자원이 참여수준에 영향을 미치는 요인을 모색하기 위하여 교회의 지역사회 내 노인복지 참여실태를 알아보고, 인구사회적 특성, 교회 특성 및 참여인식에 따른 교회구성원들의 참여수준 차이와 참여인식이 참여수준에 미치는 영향을 구명하는 데 목적을 갖고 실증 조사 후 사실단계를 검증하였다. 그 결과를 보면 다음과 같다.

<연구문제 1>의 교회의 지역사회 내 노인복지 참여실태에서는 사회봉사활동을 담당하는 사회복지사가 있다라는 응답이 16.7%, 없다가 83.3%로 나타났고, 사회봉사비의 예산 비율은 잘 모르겠다가 144명(32.1%)으로 나타나 가장 많은 빈도수를 보였으며, 8~10%가 122명(27.3%)으로 나타났다. 또한, 사회복지활동을 위한 교회시설의 활용여부는 활용하지 않는다가 242명(54.0%)으로 많은 빈도수로 나타났으며, 프로그램의 유무에 대하여 없는 경우가 263명(58.7%), 사회복지 프로그램이 있는 경우가 195명(43.5%)으로 나타났으며, 현재 시행중

인 사회복지 프로그램에 대하여 노인복지프로그램이 67명(34.3%)으로 가장 많은 빈도수가 나타났다. 시행중인 노인복지프로그램에 대하여는 경로잔치가 217명(26.3%)으로 가장 많은 빈도수가 나타났으며, 2004년 한 해 실시한 노인복지프로그램에 대하여는 불우노인을 위한 식사제공이 218명(29.9%)으로 가장 많았으며, 지역사회 노인복지사업에 교회의 개입에 대한 견해는 적극적 개입해야 한다는 견해가 247명(55.1%)으로 과반수 이상의 신도들이 교회의 지역사회 노인복지사업에 대한 개입의지를 나타났다.

<연구문제 2>의 인구사회적 특성, 교회 특성 및 참여인식에 따른 교회구성원들의 참여수준 차이결과는 다음과 같다.

첫째, 인구사회적 특성에 따른 교회구성원들의 전체 참여수준은 직분만이 유의미한 차이가 있는 것으로 나타났으며, 세부적으로 인적자원 참여수준에 대해서는 성별, 재정자원 참여수준은 연령, 시설자원 참여수준은 직업, 교육자원 참여수준은 출석경력에서만 유의미한 차이가 있는 것으로 나타났다.

둘째, 교회 특성에 따른 교회구성원들의 참여수준 차이는 설립연도와 교회규모에 모두 유의미한 결과가 나타났으며, Scheffe 검증 결과 전체 참여수준과 인적·재정·교육자원에서는 설립연도 31년 이상이 25년 이하보다 더 높다고 나타났으며, 시설자원은 설립연도 31년 이상이 가장 높고 다음으로 26년~30년, 그리고 25년 이하 순으로 나타났다. 교회규모면에서는 전체참여수준과 시설자원, 교육자원 참여수준에서는 대규모가 중 · 소규모보다 높게 나타났고, 인적자원 참여수준은 대규모가 소규모보다 높고, 재정자원 참여수준은 중규모가 소규모보다 높게 나타났다.

셋째, 교회자원의 참여인식에 따른 교회구성원들의 참여수준 차이는 인적자원 참여인식에서는 재정자원과 교육자원이, 재정자원 참여인식에서는 재정자원이, 시설자원과 교육자원 참여인식에서는 시설자원이 유의미한 차이가 있는 것으로 나타났고, Scheffe 검증 결과 인적자원 참여인식에서는 재정자원 참여수준은 참여인식이 높은 집단이 낮은 집단보다 높고 교육자원에서는 낮은 집단이 중간 · 높은 집단보다 높게 나타났고, 재정자원 참여인식에서는 높은 집단이 중간 · 낮은 집단보다 높게 나타났고, 시설자원과 교육자원 참여인식에서는 높은 집단이 낮은 집단보다 높게 나타났다.

<연구문제 3>의 인구사회적 특성, 교회 특성 및 교회자원에 대한 참여인식이 참여수준에 미치는 영향에 있어서는 첫째, 전체 참여수준에 미치는 영향은 연령과 직분, 교회규모2(대규모)가 유의미한 것으로 나타났다. 둘째, 인적자원 참여수준에 미치는 영향은 연령과 교육연수, 직분이 유의미한 것으로 나타났다. 셋째, 재정자원 참여수준에 미치는 영향은 연령과 직분, 참여인식의 재정자원이 유의미한 것으로 나타났다. 넷째, 시설자원 참여수준에 미치는 영향은 연령과 교회규모2(대규모), 설

립연한, 참여인식의 인적·시설자원이 유의미한 것으로 나타났다. 다섯째, 교육자원 참여수준에 미치는 영향은 연령과 직분, 교회규모2(대규모), 참여인식의 인적·교육자원이 유의미한 것으로 나타났다.

2. 함 의

1) 정책적 함의

본 연구의 결과가 지역사회복지 실천현장에 기여할 수 있는 정책적 함의는 다음과 같다.

첫째, 교회가 지니고 있는 자원 중에 가장 큰 자원이 인적자원이다. 이러한 인적자원을 어떻게 활용하느냐는 지역사회 노인복지실천에서 중요한 요인이 될 것이다. 교회구성원들의 55.1%가 지역사회 노인복지사업에 대해 적극적으로 개입해야 한다고 응답하였는데, 이는 교회구성원들에게 동기가 부여되면 적극적으로 노인복지사업을 수행하겠다는 뜻과도 같다. 이와 같이 교회는 사회로부터 영향을 받고 사회에 영향을 끼칠 수밖에 없는 점에서 교회 인적자원이 노인복지실천의 의무를 갖고 자치단체와 정책적 협의를 통해 지역복지 현안의 해결책을 공동으로 모색해 나가야 한다.

둘째, 교회는 재정자원을 통한 경제적 성장과정에서 중산

층 교회, 자본주의적 교회로서 물질적 특권을 누리다 보니 교인들의 경제적 윤리, 사회적 책임성을 상실하게 되었다. 따라서 교회는 지역사회의 노인복지사업을 담당하고 있는 일선 담당부서나 사회복지기관에 20% 이상의 사회봉사비를 통한 재정적 후원과 물품지원을 통해 교회의 지역사회 노인복지사업을 수행하는 것이 바람직하다.

셋째, 교회시설자원을 통한 지역사회 노인복지사업의 역할을 감당할 수 있는 제도적 여건을 조성하고, 타 기관과의 유대를 강화하여 지역사회 노인복지사업을 활성화시키며, 특성화된 교회시설자원을 집중 지원하고, 개 교회가 연합하여 특수한 시설자원을 공동 관리함으로써 지역사회 노인복지사업을 활성화시킬 수 있다. 더불어 사회복지사업을 효율적으로 실시하고 있는 교회에 대한 벤치마킹을 총회 단위에서 추진해야 한다.

넷째, 교회의 교육자원을 통한 지역사회 노인복지실천을 체계적이고 효율·효과적으로 진행하기 위해 인적·재정·시설·교육자원 등을 취급할 수 있는 조직체를 구성하고, 전담부서와 전담 프로그램을 진행하고 공공기관과 사회복지기관과의 연계를 통해 교육방안을 수립하고 전문교육을 실시함으로써 지역사회 노인복지사업을 수행토록 한다.

2) 실천적 함의

본 연구의 결과가 지역사회복지 실천현장에 기여할 수 있는 실천적 함의는 다음과 같다.

첫째, 교회의 인적자원을 활용하여 지역사회 무의탁 노인과 교회성도와의 결연을 추진함으로써 예수 그리스도의 사랑을 실천하는 계기를 마련하고, 지역사회 노인들의 욕구를 정확히 파악하여 전문적 자원봉사자를 파견한다. 더불어, 신도들의 신앙연수와 신앙 정도를 고려하여 지역사회 노인복지사업의 역할을 설정함으로써 적정 참여가 이뤄지도록 한다.

둘째, 지역사회 노인복지사업을 위해 교회의 재정자원의 20% 이상을 사회봉사비로 지출해야 한다는 원칙 하에 각종 특별헌금(성탄헌금, 부활헌금, 사회봉사헌금 등)을 지역사회 노인복지사업에 활용할 수 있는 제도적 장치를 마련하고 교회 본래의 목적인 섬김과 나눔을 회복한다.

셋째, 교회가 보유한 자원 중에 중요한 부분이 시설자원이다. 모든 교회의 시설자원을 예배와 교회행사 시간 외에는 노인대학, 경로당, 노인주간보호소, 야간학교 등으로 활용할 수 있도록 개방함으로써 평일에 지역사회 노인들의 교육프로그램 현장으로 활용한다. 이를 위해 무엇보다도 교회의 본질적 사명을 인식하고, 시설 및 프로그램 운영을 지원할 수 있는 다른 자원과의 연계를 병행한다.

넷째, 교회만큼 교육자원이 기능적으로 잘 세팅된 지역사회 기관도 없다. 지역별로 구성되어 있는 인적 · 재정 · 시설자원을 교육을 통해 지역사회 노인복지사업을 수행할 수 있는 전문자원으로 육성한다. 특히 노인복지사업의 가용자원으로서 전업주부가 많은 점을 고려하여 이들의 잠재능력을 계발할 수 있는 교육과정을 실시하여 지역사회 노인들의 욕구를 충족시켜준다. 또한, 신학대학교 교과과정에 사회복지과목을 편성시켜 배움의 과정에서부터 신학과 사회복지를 접목하여 목회와 사회복지실천이 병행될 수 있도록 한다.

지역사회 내에서 교회자원의 참여수준에 대한 체계적이고 과학적인 연구는 사실상 시작단계에 머물고 있는 시점에서 교회는 지역사회의 동반자로서 지역문제에 보다 적극적으로 함께 고민하고 현안 문제를 풀기 위해 정책 · 실천적 기반을 다지고, 지역사회 내에서 고통당하고 있는 노인들의 문제를 우선 해결하기 위한 변론자가 되어야 한다.

따라서 교회가 보유한 여러 자원들을 유기적으로 활용한다면 교회는 지역사회 노인복지실천을 위해 사회에 공헌할 수 있을 것이다. 또한 지역사회 노인복지 발전을 위해 교회자원을 활용한 지속적이고 체계적인 후속적 연구들이 많이 이루어져 지역사회복지를 위한 교회의 역할을 증대시켜 나가야 할 것이다.

참고문헌

1. 국내문헌

곽효문 편저(2000). 『기독교사회복지론』. 서울: 제일법규.

국민일보 교회성장연구소(2002). 『한국개신교 변화추이』.

권순미(2001). '청소년 자원봉사활동의 지속성에 영향을 미치는 요인에 관한 탐색 연구': 『서울여자대학교 대학원 박사학위논문』.

권태준, 김광웅(1981). 『한국의 지역사회개발』. 서울: 법문사.

기독교대한감리회 사회평신도국(1999). 『사회봉사의 이론과 실제 : 감리교회를 중심으로』. 서울: 기독교 대한감리회.

기독교한국침례회(1999). 『제89차 정기총회 의사자료』. 서울: 기독교한국침례회총회, 267-289.

김기문(2003). 『기독교사회복지론』. 서울: 대학출판사.

김기원(1996). 『교회의 사회적 기능. 기독교와 사회복지』. 서울: 도서출판 예안.

______(2001). 『사회복지조사론』. 서울: 나눔의집.

______(2002). 『한국 사회복지정책론』. 서울: 나남출판사.

김동배(1997). 『개신교 사회봉사 활동의 실태와 과제, 기독교사회복지의 현황과 전망』. 서울: 숭실대학교 기독교 사회연구소.

______(1994). "기독교 사회봉사의 비판적 고찰". 『연세대 사회복지연구, 연세사회복지연구』. 105.

______(1996). 『기독교 사회봉사 활성화를 위한 과제. 유의웅(편저), 한국교회와 사회선교』. 서울: 예영.

김만희(2004). "노인평생교육자원활동봉사활동의 지속성 요인에 관한 연구". 『대구대학교 대학원 박사학위논문』.

김명룡(1997). "교회는 어떤 역할을 해야 하는가? 다일공동체 창립8돌 심포지움 주제강연". 『국민일보』. 7.14.

김미숙 외(1999). "종교계의 사회복지활동 현황과 활성화 방안 연구 : 교회의 사회복지활동을 중심으로". 『한국보건사회연구원, 조사연구보고서』.

김미숙(2003). "사회복지시설 표준운영비 모델개발", 보건복지포럼, 84. 『한국보건사회연구원』. 81-101.

김봉익(1994). 『교회사회봉사총람』. 서울: 장로교출판사. 228.

김성철(1998). 『교회사회복지, 평화사회복지연구소』. 서울 : 예은예랑기획. 121.

김수현(1999). "지역복지 협력체계 구축방안, 『새천년을 향한 한국의 사회복지』, '99한국사회복지학회 추계학술대회 자료집". 『한국사회복지학회』. 163-172.

김숙경(2002). "사회복지분야 자원봉사자의 지속성 활동에 영향을 미치는 요인에 관한 연구". 『대구대학교 대학원 박사학위논문』.

김영모(1986). 『한국사회복지의 제 문제』. 서울: 한국복지정책연구소.

김영호(2000). 『사회복지학』. 서울: 고헌출판사.

김용복(1992). 『사회발전의 신학적 준거틀, 사회발전과 사회운동』. 서울: 숭실대 기독교 사회연구소.

김융일, 조홍식, 김연옥(2001). 『사회복지 실천론』. 서울: 나남.

김인숙. "종교계 사회복지 참여 현황 및 활성화 방안". 『사회복지』. 98. 겨울호.

김흥권(1997). 『종교의 사회복지 기여도 평가』. 서울: 의협신보출판사.

나상운. "한국교회 사회복지의 실태와 개선방안". 『안양대학교 경영행정대학원 석사학위논문』.

노치준(1995). 『한국의 교회조직』. 서울: 민영사.

______(2001). "한국 교회 분열의 정치 사회적 배경". 『복음과 상황』.

대전광역시사회복지협의회(1997). "지역사회복지시설의 자원봉사 활성화를 위한 교회와의 연계방안, 연구보고서".

대한예수교장로회 대전광역지역사회선교협의회(1997). "교회에서 지역사회를 위한 자원봉사 프로그램".

대한예수교장로회총회사업부(1995). 『교회사회봉사총람』. 한국장로교출판사. 380-1227.

문석호(1998). 『21C 한국교회와공동체운동』. 서울: 도서출판 줄과 추.

박경숙(2003). 『역사적 측면에서 본 교회의 사회복지 실천의 필요성과 교회의 자원활용, 기독교윤리실천운동 사회복지위원회 역, 교회의 사회복지 참여하고 실천하기』. 서울 : 대한기독교서회.

박동석 외(2004). 『고령화 쇼크』. 서울: 양서원.

박선하(1998). "교회사회봉사에 영향을 미치는 요인". 『대전대학교 대학원 석사학위논문』.

박종삼(1987). "한국사회복지학회지". 서울: 한국사회복지학회.

______(1990). "사회복지실현을 위한 자원개발의 방향, 제4회 서울특별시 사회복지대회보고서".

______(1990). "교회사회복지(봉사)의 필요성과 방향, 기독교대학의 사회복지 교육 정립의 과제, 지역사회와 지역 사회복지 선교. 한국기독교 사회복지역사의 역할".

______(1992). 『교회사회봉사에 대한 사회복지적 접근, 대한예수교장로회 총회 사회부 편, 교회사회봉사총람』. 서울: 장로교출판사.

______(1993). 『교회 사회봉사 이해와 실천』. 서울: 인간과 복지.

______(2000). 『교회 사회봉사 이해와 실천』. 서울: 인간과 복지.

______(2004). 『사회복지학개론』. 서울: 학지사.

박영호(2002). 『기독교사회복지』. 서울: 기독교 문서선교회.

서정운(1992). "선교신학에서 본 사회봉사, 사회봉사의 신학과 실천". 『서울: 숭실대 기독교사회연구소』.

성경신학(Biblical Theology, 1978). 『신학사전』. 서울: 한국개혁주의신행협회.

성규탁 외(1991). "한국교회의사회복지참여연구". 『연세대학교: 한국기독교문화연구소』.

유의웅(1996). 『한국교회와 사회봉사』. 서울: 예영커뮤니케이션.

유장춘(2000). “교회사회복지활동 결정요인으로서 목회자와 그 생태체계에 관한 연구”. 『연세대학교 대학원 박사학위논문』.

______(2003). “한국교회의 사회목사직 설치를 위한 기초연구”, http://www.welfare.net/good-news/library/prof_icyoo/ index. htm.

유재현(1997). “참교회의 모습은 어떤 것인가, 다일공동체 창립8돌 심포지엄 주제 강연”. 『국민일보』. 7.4.

유희순(2003). “지역사회복지를 위한 교회 자원봉사 프로그램 관리방안에 관한 연구 : 개신교회 자원봉사 프로그램을 중심으로”. 『서울여자대학교 사회복지대학원 석사학위논문』.

이만식(1999). 『기독교의 사회복지참여 실태 및 활성화 방안』. 서울: 종교사회복지연구소.

이미원(2005). “대구지역 자원봉사 활성화를 위한 요구와 과제”. 『대구경북연구원』.

이삼열(1992). 『사회봉사의 신학과 실천과제, 이삼열(편) 사회봉사의 신학과 실천』. 서울: 한울.

이영균(1998). “고령화사회를 위한 노인복지정책에 관한 연구”. 『경원대학교 사회과학연구소 사회과학연구』6(8).

이원규(1989). 『지역사회를 위한 교육의 가능성』. 서울: 신앙과 교육. 13.

______(1994). 『교회사회봉사에 대한 사회학적 접근. 교회사회봉사총람』. 서울: 한국장로교 출판사.

______(1996). 『한국교회의 사회학적 이해』. 서울: 성서연구사.

______(1999). 『감리교 사회봉사의식과 사업실태에 대한 조사연구. 기독교대한감리회 사회평신도국 편, 사회봉사의 이론과 실제 : 감리교회를 중심으로』. 서울: 기독교대한감리회 홍보출판국.

이유식, 김요한(1999). 『12세기 선교백서』. 서울: 들무새.

임영호(1995). "노인복지시설 확충을 위한 종교계 자원 활용방안". 『기독교사회복지 서울신학대학교출판사』.

임종운(1999). "지역사회복지를 위한 교회자원활용에 관한 연구". 『경원대학교 대학원 박사학위논문』.

임종운, 임구원(2003). 『기독교사회복지』 서울: 홍익제.

장인협(2001). 『사회복지실천론(중), 제너럴리스트접근(통합편).』. 서울: 서울대학교출판부.

정무성(1999). "종교와 사회복지, 21세기 한국, 복지사회로의 도전". 『제 10회전국사회복지대회 자료집 한국사회복지협의회』.

조휘일(1999). 『현대사회와 자원봉사』. 서울: 홍익제.

______(1995). "한국장로교 목회자의 사회참여 및 사회복지적 관심에 관한 조사 연구 : 장로교 고신, 기장, 합동, 통합을 중심으로". 『신학과 세계, 한국신학연구소』.

최무열(1999). 『한국교회와 사회복지』. 서울: 나눔의 집.

최성재(1993). 『교회 사회봉사 사업계획과 실천, 교회사회봉사총람, 대한예수교장로회총회』. 서울: 장로교출판사.

______(2003). 『교회의 사회복지 사업 참여를 위한 준비, 기독

교윤리실천운동 사회복지위원회 역, 교회의 사회복지 참여하고 실천하기』. 서울: 대한기독교서회.

최성재 외(2003). 『노인복지학』. 서울: 홍익제.

최순남(1999). "변화하는 사회에서 사회복지에 대한 교회의 역할". 『서울 : 기독교 사상』. 39(435). 3월호.

최일섭(2005). 『지역사회복지론』. 서울: 서울대학교출판부.

통계청. "인구주택총조사, (2000년 11월 1일 기준자료)". 서울: 통계청 2002년 7월 4일 발표.

______(2004). 『장애인 추계』. 서울: 통계청.

______(2005). 『장래인구추이』. 서울 : 통계청.

한국 천주교 주교회의 사회복지위원회(1997). "한국 가톨릭 사회복지의 실태와 전망". 『한국천주교 주교회의 사회복지위원회』.

한국교회의 미래를 준비하는 모임(2000). 『한국개신교의 지역사회봉사활동』. 서울: 한국갤럽조사연구소.

한국사회복지관협회(2000). 『사회복지관백서』.

한국자원봉사능력개발연구회(1990). 『한국교회 사회봉사사업 조사연구』. 서울: 성광문화사.

Konrad, Raistr(1992). 기독교와 사회발전, 사회발전과 사회운동. 서울 : 숭실대학교 기독교 사회연구소.

2. 국외문헌

Allen Pincus and Anne Minahan, *Social work practice: model and method, Itasca, Ill.*, F. E. Peacock, 1973.

Barker, Robert L., *The Social Work dictionary*, National Association of Social Workers, Washington, D.C., 1995.

Brisco, C., Community Work and Social Work United Kingdom, In H. Specht and A. Vickery, eds., *Integrating Social Work Methods*, London : George Allen and Unwin, 1979.

Fellin, P., *The Community and the Social Worker*, Peacok Publishers, Inc., 1995.

Garland, D. R., *Church Social Work : An Introduction, Church Social Work, North American Association of Christians in Social Work*, 1992.

Garland, D. R., *Church Social Work, In Encyclopdia of Social Work*, Vol. 3, Washington, D.C.: National Association of Social Work, 1995.

Herbert, R. and R. Irene, *Community Organizating and Development, Columbus*, OH : Merrill Publishing Co., 1986.

Kysal · Robert, *Called to Care: Biblical Images for Social Ministry*, Minneapolis Fortress Press, 1991.

Eduard, C. Lindeman, *The Community*, N. Y. : Association Press, 1991.

Loewenberg, F. M., *Religion and Social work Practice in Contemporary American Society*, N.Y.: Columbia University Press, 1998.

Marty, M. E., Social Service : Godly & Godless, Social Service Review, 1980.

Neugarren, B. L., *Education and the Life Cycle*, School Review, 80, 1968.

Reichard et al., *Aging and Personality : A Study of eighty - seven*, 1962.

Rothman, J., *An Analysis of Goals and Roles in Community Organization Practice*, In R. Kramer and H. Specht, eds., Readings in Community Organization Practice, NJ : Prentice-Hall, Inc.

Weil, M .O., and D. N. Gamble, "*Community Practice Models*". Encyclopedia of Social Work, 19th ed. National Association of Social Workers, 1995.

저자약력

성결대학교 졸업

대구대학교 사회복지대학원 졸업

대구대학교 재활과학대학원 졸업

대구대학교 대학원 졸업(Ph. D)

서울기독대학교 대학원 졸업(Ph. D)

영남신학대학교 신학대학원 졸업(B. D)

현) 영남신학대학교 사회복지학과 교수

교회와 지역사회 노인복지

2010년 10월 15일 1판 1쇄 인쇄
2010년 10월 20일 1판 1쇄 발행

저자와의 협의하에 인지생략

저　자 : 박 승 탁
발행인 : 김 동 규
발행처 : 교육과학사

경기도 파주시 교하읍 문발리
파주출판문화정보산업단지 514-5
전화 (031) 955-6956～8/FAX (031) 955-6037
Home-page : www.kyoyookbook.co.kr
E-mail : kyoyook@chol.com
등록 : 1970년 5월 18일 제2-73호

낙장・파본은 교환해 드립니다.
Printed in Korea.

정가 10,000 원
ISBN 978-89-254-0425-7